Carl-Auer

Bernhard Trenkle

Das
Ha-Handbuch
der Psychotherapie

Witze – ganz im Ernst

Siebte, korrigierte Auflage, 2007

Satz: Beate Ch. Ulrich
Umschlaggestaltung: WSP Design, Heidelberg
Printed in Germany
Druck und Bindung: Kösel, Krugzell, www.koeselbuch.de

Siebte, korr. Auflage, 2007
ISBN 978-3-89670-616-4

Bibliografische Informationen Der Deutschen Nationalbibliothek
Die Deutsche Nationalbibliothek verzeichnet diese Publikation in der Deutschen Nationalbibliografie; detaillierte bibliografische Daten sind im Internet über http://dnb.ddb.de abrufbar.

Carl-Auer Verlag
Häusserstraße 14
69115 Heidelberg
Tel. 0 62 21-64 38 0
Fax 0 62 21-64 38 22
E-Mail: **info@carl-auer.de**

Inhalt

Vorwort: Ganz im Ernst –

das ist ein Witzbuch. Oder, anders ausgedrückt: Die Betonung beim *Ha-Handbuch* liegt ganz klar auf dem Haha.

Im Jahre 1985 begann ich, im *M.E.G.a.Phon*, dem Nachrichtenblatt der *Milton-H.-Erickson-Gesellschaft für Klinische Hypnose*, Witze zu publizieren. Ich definierte immer kurz einen Begriff aus dem Bereich Hypno-, Familien- oder Psychotherapie, und anschließend kamen dann passende oder unpassende Witze zu diesem Thema. Diese Rubrik war bald ziemlich populär, und so entstand die Idee, diese alten „Kapitel" des *Ha-Handbuches* zusammenzufassen und einige ergänzende dazuzuschreiben.

Eigentlich müßte das Buch eher das *Ha-Handbuch der Hypno- und Familientherapie* heißen, weil die meisten „Kapitel" sich darauf beziehen. Da jedoch das Ganze ein Witzbuch ist, habe ich das mit demTitel nicht so genau genommen.

Ich sammle schon seit meiner Schülerzeit Witze und Sprüche und habe diesbezüglich wohl ein ziemliches Repertoire. In den beiden Jahren vor dem Erscheinen der Erstausgabe gab mir die Idee dieses Buches die Legitimation, meine vielen Witzbücher noch einmal zu lesen. Dabei lag mein suchendes Auge auf Witzen, die für die Idee dieses Witzbuches brauchbar waren. Da ich nun einmal stark mit der Hypnotherapie und Familientherapie verbunden bin und hauptsächlich diese Konzepte in Seminaren unterrichte, hatte ich natürlich auch mehr Assoziationen und Ideen in Richtung dieser mir vertrauten Konzepte.

Dieses Witzbuch ist perforiert

Bei den Kapiteln für das *M.E.G.a.Phon* bekam ich am Rande von Seminaren oder Tagungen – meistens von Frauen – das Feedback, dass sich meine Witze „immer“ um das „Thema Nr. 1“ drehen würden. Ich habe dann in den alten *M.E.G.a.Phon*-Ausgaben einmal nachgezählt und festgestellt, dass nur die Hälfte aller Witze im weitesten Sinne zu diesem Bereich zu zählen waren. Vielleicht können sich manche nur Witze zu bestimmten Themenbereichen merken. Richtig ist allerdings, dass ich mich weder im *M.E.G.a.Phon* noch in diesem Buch gescheut habe, Witze zu allen Themenbereichen zu bringen. Und wenn ich an einem Zeitschriftenkiosk vorbeigehe, dünkt es mich zudem ab und zu, dass das Thema Sexualität nach wie vor eine gewisse Relevanz zu haben scheint. Und: Würden Sie ein Handbuch schreiben und dabei relevante Themen aussparen?

Karl Ludwig Holtz, der die erste Auflage meines Buchs Korrektur gelesen hat, meinte, ich solle in

Abwandlung eines berühmten Satzes erwähnen: „Für 15 Euro 50 kann ich ja wenigstens erwarten, dass an meine niedrigsten Instinkte appelliert wird."

Ich selbst liebe die Witze am meisten, die man zu einer längeren Geschichte ausbauen kann und die dann in eine überraschende, unerwartete Pointe münden. Dabei ist der Inhalt für mich nicht so sehr im Vordergrund. Ob bezüglich Sexualität oder Politik, bezüglich Ärzten oder Psychologen, bezüglich Kirche oder Psychotherapieschulen – es gibt gute und geistreiche Witze und weniger gute bis primitive. Betrachte ich zum Beispiel die beiden Witze: „Was ist der letzte Satz eines Architekten?" (Kapitel *Mehrebenenkommunikation*, S. 98), und: „Was sagt die Frau, die Sperma an der Brille hat?" (Kapitel *Visuelles Vorstellungsvermögen*, S. 178), so sind die beiden Pointen auf formaler Ebene nach meinem Geschmack gleichermaßen geistreich wie brillant. Wenn jetzt jemand daraus ableitet, ich sei architekten- oder frauenfeindlich, dann kann ich den oder die nicht hindern.

Ich habe mehreren Freunden und Freundinnen sowie Kollegen und Kolleginnen den Computerausdruck dieses Witzbuches mit der Vorgabe zu lesen gegeben, mir zu sagen, welche Kapitel sie gut finden und welche sie weglassen würden. Da ergaben sich völlig konträre und teilweise überraschende Antworten.

Welcher Witz „gut“ ist – das scheint eine ziemliche Ansichtssache zu sein.

Wem bestimmte Witze nicht passen, der oder die möge sie doch einfach herausreißen. Dazu haben wir das ganze Buch auch perforiert. Man/Frau wird dabei natürlich in den meisten Fällen auch anderes mit herausreißen. Das ist Absicht. Denn: Durch Zensur verliert man immer etwas mehr, als man glaubt.

Zudem frage ich mich, ob sich schon einmal eine Gesellschaft dadurch zum Besseren fortentwickelte, dass seitens der Politik, Kirche oder irgendwelcher Fundamentalisten Witze unterdrückt oder zensiert wurden.

Einen Witz erzählen ist natürlich etwas anderes als einen Witz in ein Buch schreiben. Je nachdem, wie ein Witz erzählt wird, kann man eventuell gerade noch lachen, oder das Lachen bleibt einem im Halse stecken. Wenn ich von jemandem weiß, dass er vor kurzem eine Krebsdiagnose für ein Kind verkraften mußte, dem werde ich keinen Krebswitz erzählen, auch wenn ich sonst schwarzen Humor sehr liebe. Und wenn einer Frau sexuelle Gewalt angetan wurde und die seelischen Wunden noch schmerzen, dann verbieten sich gewisse Witze ebenfalls.

Falls Sie auf solche für Sie momentan unpassenden Witze stoßen, dann übergehen Sie sie doch. Vielleicht können sie diese Witze zu späterer Zeit einmal unbefangener sehen.

Und wenn Sie einen Witz grundsätzlich ablehnen, dann zensieren Sie ungeniert. Dazu dient die Perforation – ganz im Ernst.

Bedanken möchte ich mich noch bei vielen geschätzten Menschen, die mir immer wieder Witze erzählten oder per Post oder übers Telefon übermittelten.

Ich fürchte, ich vergesse jetzt einige verdienstvolle Namen, spontan jedenfalls fallen mir ein: Ortwin Meiss, Steve Lankton, Beate Ulrich (alias Frau Auer), Peter-W. Gester, Teresa Dawson, Mr. McGill Junior (ein Schuljunge aus England, dessen Mutter *M.E.G.a.Phon*-Leserin ist), Andreas, Melanie und Alexandra Trenkle (meine Kinder, die nicht nur Witze aus der Schule mitbrachten, sondern auch wichtige Grundlagenliteratur wie Micky-Mouse-Hefte durcharbeiteten), Philip Trenkle (mein Neffe aus Denzlingen).

Im Klappentext des berüchtigten amerikanischen Witzbuches *Die absolut geschmacklosen Witze* steht: „Die Autorin lebt unter ihrem wirklichem Namen in New York, während ihre Familie unter einem Pseudonym in Boston lebt."

Wie sich das *Ha-Handbuch* auf den Fortbestand des Namens Trenkle auswirken wird, kann man momentan nur ahnen.

Eine Auswahl meiner Lieblingswitzbücher:

Eike Christian Hirsch: *Der Witzableiter oder Die Schule des Gelächters.*

Definitiv eines der besten Witzbücher. Analysen und geistreiche Kommentare wechseln sich mit einer grandiosen Sammlung von Witzen in allen Kategorien ab. *Der Witzableiter* war mal eine Kolummne in der *Zeit*. Es gibt auch immer mal wieder Bezüge zur Psychotherapie, so wenn Hirsch berichtet, dass es mal einen Analytiker gab, der die Therapie an der Frage nach dem Lieblingswitz des Patienten aufzäumte.

Isaac Asimov: *Treasury of Humor.*

Mein Witzbuch war beinahe fertig, als mich der Adler-Schüler Harold Mosak am Rande der Kurztherapie-Konferenz in Orlando auf das Buch von Isaac Asimov aufmerksam machte. Asimov hat an die 400 (vierhundert!) Bücher geschrieben, und manche seiner Witze sind so ausgefeilt, dass ich die Witze aus seinem Buch meist *zitiert* habe: Witze sind ja sonst Allgemeingut und brauchen nicht zitiert zu werden; bei Asimov habe ich da eine Ausnahme gemacht.

Harold H. Mosak: *Haha and Aha. The Role of Humor in Psychotherapy.*

Ein sehr gutes Buch über den Humor in der Psychotherapie mit einem Anhang von „Psycho"-Witzen.

Jim Pietsch: *New York Cab Drivers Joke Book.* Dieses amerikanische Taschenbuch ist das Witzbuch eines N.-Y.-Taxifahrers. Er ist auch Jazzmusiker und schreibt Broadway-Musicals. Taxi fährt er, um seine Fahrgäste nach ihren Lieblingswitzen zu fragen. Es gibt einige schöne Passagen, in denen er berichtet, welche Witze ihm wann und wo erzählt wurden und welche Witze er daraufhin seinerseits erzählte und wie dann sein Fahrgast wieder reagierte, usw.

Twen-Witze 1 und 2:

Legendäre Sammlung der früheren Zeitschrift *Twen*. Oft antiquarisch zu bekommen.

Stern-Witze Nr. 1:

Eine Sammlung der *Stern*-Witze der Woche. Hochkarätige Fundgrube.

Salcia Landmann: *Klassische Sammlung jüdischer Witze.*

Diese Witze sind so geistreich, dass sie eher „Weisheitsgeschichten" sind. Manche lassen sich auch als therapeutische Geschichten verwenden.

N. N.: *Der geschmacklose Witz.* Deutsches Pendant der amerikanischen Bücher, die als *Times*-Kolummen begannen. Das deutsche Buch ist keine Übersetzung der amerikanischen Bücher, sondern eine eigenständige Sammlung. Es beginnt mit der Frage: „Was ist gelb und liegt alleine im Bett? Anwort: Yoko Ono." Leider erinnere ich mich an die Autorin nicht. Das Buch habe, ich wie einige andere, verliehen und nicht mehr zurückbekommen. Vermutlich hat der Ausleiher zu Hause eine Abteilung im Bücherstand, die „Durch Leihen erworben“ heißt.

Blanche Knott's: *The Truly Tasteless Jokes.*
Frühere Kolumne in der *New York Times*. Unterdessen gibt es eine ganze Serie dieser Bücher: *The Worst of Truly Tasteless Jokes,* und später dann: *The Very Worst of Truly Tasteless Jokes*. Am Ende von *The very worst* ... gibt es dann noch ein Kapitel: *Zu geschmacklos, um in dieses Buch aufgenommen zu werden*. Teilweise sind diese Witze wirklich zu geschmacklos – wenigstens nach meinem Geschmack. Aber dort findet man immer wieder brillante, wenn auch definitiv geschmacklose Witze. Beispiel: „Ich habe nichts gegen Behinderte ... – sonst gäbe es überhaupt keine Parkplätze mehr.“

U. H. Peters und Johannes Peters: *Irre und Psychiater.*
Eine große Sammlung von Irren-und-Psychiater-Witzen. Das Buch ist längst vergriffen. Prof. Peters hat mir dankenswerterweise eines seiner Exemplare geschickt.

Milo Dor und Reinhard Federmann: *Der groteske Witz.*
Interessante Sammlung von grotesken und absurden Witzen.

Alltagstrance ist ein Konzept der ericksonschen Hypnotherapie, welches besagt, dass während des Tages immer wieder spontan Tranceprozesse auftreten. Der geübte Hypnotherapeut kann diese bei seinen Klienten erkennen und dann auch therapeutisch nutzen.

Dass auch Richard von Weizsäcker diesbezügliche Kenntnisse hat, beweist folgende Geschichte:[1]

☞ Das ganze Geschehen liegt schon einige Jahre zurück. Der Papst ist auf Deutschlandbesuch und gibt ein Essen für höchste kirchliche und staatliche Vertreter. Zu seiner Rechten sitzt Kardinal Höffner als höchster kirchlicher Vertreter und zu seiner Linken Richard von Weizsäcker als Bundespräsident. Einen Platz weiter, neben von Weizsäcker, sitzt Helmut Kohl. Vor dem Papst, und nur vor dem Papst, liegt ein wunderschönes altes Eßbesteck aus dem Vatikanischen Museum. Vor allem die kleinen Dessertlöffel, deren drei, haben es sowohl Helmut Kohl als auch Richard von Weizsäcker angetan. Der Papst redet gerade mit Kardinal Höffner bezüglich der Besetzung eines Bischofsstuhls mit einem Kandidaten rechter Gesinnung. Kohl und Weizsäcker tuscheln wegen dieser einfach wunderschönen kleinen Löffel. Es wäre zu schön, einen dieser Löffel als Andenken bekommen zu können. Allerdings besteht kein Zweifel, dass wohl selbst der Papst nicht über diese Wertgegenstände des Vatikanischen Museums verfügen kann. Richard von Weizsäcker beginnt, den Papst zu beobachten, der weiterhin in intensivem Gespräch mit Höffner versunken ist. In einem Moment, in dem der Papst tief in Gedanken absorbiert erscheint, greift von Weizsäcker – trotz seiner sonstigen Integrität – hinüber und nimmt sich einen dieser Löffel. Er steckt ihn in aller Ruhe in seine linke Hosentasche und blinzelt Helmut verschmitzt zu. Der findet dies allerdings gar nicht so lustig. Der sonst so zurückhaltende Richard hat einen dieser Löffel, und er nicht. Er hat allerdings genau beobachtet, wie es Weizsäcker angestellt hat. Es war ihm nicht verborgen geblieben, dass dieser einen kurzen Trancemoment des Papstes genutzt hatte. Auch Kohl beobachtet nun den Papst. Und in der Tat, einen Moment lang wirkt der Papst wieder total abwesend, und Helmut greift blitzschnell über Weizsäcker hinweg … aber – er stößt an Weizsäckers Weinglas, und alle Blicke richten sich auf Kohl. Wohl oder übel muss er eine Tischrede halten. Eine ganze Zeit später ergibt sich erneut eine Gelegenheit, und Kohl greift wieder blitzschnell – und kommt wieder an das Glas. Routiniert hält er eine zweite Rede. Er weiß, dass er diese Strategie nicht noch einmal riskieren kann. Er grübelt und grübelt. Schließlich entspannen sich seine Gesichtszüge. Er wendet sich an den

Papst und bringt das Gespräch auf Hobbys. Er weiß, dass sowohl der Papst als auch Weizsäcker Sportfans sind. So wird eine ganze Weile über die sportlichen Fähigkeiten des Papstes geredet. Wie von Kohl erwartet, fragt der Papst irgendwann zurück: „Treiben Sie auch Sport, Herr Bundeskanzler, oder was sind Ihre Hobbys?“ – „Oh ja“, sagt Kohl, und er triumphiert innerlich schon, „oh ja, ich habe in meiner Jugend in Ludwigshafen Fußball gespielt. Aber mein eigentliches Hobby war das Zaubern.“ – „Ach ja?“, sagte der Papst erstaunt, „können Sie denn noch was von damals?“ Kohl erwidert: „Viel vermutlich nicht mehr.“ Nicht nur der Papst, auch Höffner, Weizsäcker und die anderen ermutigen Helmut Kohl, doch etwas aus dem Repertoire von damals zu versuchen. Er willigt unter der Bedingung ein, nur einen Trick zu zeigen.

Er beginnt: „Also! Ich nehme mir jetzt zum Beispiel einen dieser kleinen, wunderschönen Löffel, die vor dem Heiligen Vater liegen. Ich stecke mir jetzt diesen Löffel deutlich sichtbar in meine Jackettinnentasche. Und wo hole ich den Löffel wieder heraus? Hier beim Herrn Bundespräsidenten aus der Hosentasche …“

Amnesie

Jemand hat eine Amnesie, wenn er sich an bestimmte Dinge nicht mehr erinnern kann. In der Hypnotherapie wird teilweise Amnesie induziert, und manchmal tritt Amnesie auch spontan auf.

Auch auf gesellschaftlicher Ebene kann Amnesie auftreten, wenn sich eine Gesellschaft nicht mehr an bestimmte Dinge erinnern will. Da diese Phänomene weltweit auftreten, spricht man auch von Amnesie International.

☞ Ein Mann kommt zum Psychiater und sagt: „Ich habe das Problem, dass ich dauernd Dinge vergesse." Der Psychiater fragt nach: „Seit wann haben Sie denn das Problem?" Der Patient antwortet erstaunt: „Welches Problem?"

☞ Oder jemand sagt: „Drei Dinge vergesse ich immer: 1. Namen, 2. Gesichter und drittens äh, äh, ... äh ...[2]

☞ Schon etwas bedenklicher die folgende Geschichte, die sich ebenfalls in einer Arztpraxis zutrug. Der Arzt teilt dem Patienten die Ergebnisse der Vorsorgeuntersuchung mit und meint: „Ich habe eine gute und eine schlechte Nachricht für Sie. Welche wollen Sie zuerst hören?" Der Patient schluckt und sagt: „Dann lieber die schlechte. Dann habe ich es hinter mir." Der Arzt: „Es tut mir Leid, dass ich es Ihnen sagen muss: Sie haben nicht nur Aids, Sie haben auch

Alzheimer." Der Patient: „Um Gottes willen! Was ist denn da die gute Nachricht?" Der Arzt: „Machen Sie sich nichts daraus. Bis Sie zu Hause sind, wissen Sie nichts mehr davon."

Auch die folgende Episode beleuchtet das Konzept der Amnesie.

☞ Oskar will eigentlich für sein Leben gerne einmal ins Bordell. Schließlich ist er unterdessen Witwer, und so macht er sich auf den Weg. Die Empfangsdame fragt, was er will, und er will wissen: „Haben Sie denn nicht die schönsten Frauen der Stadt?" Und wirklich, eine sehr schöne, attraktive Frau kommt nach wenigen Minuten auf ihn zu. Sie fragt ihn etwas verwundert, wie alt er eigentlich sei. „94 Jahre", sagt er. „94", sagt die Schöne, „da haben Sie es doch hinter sich!" –„Oh, wirklich", sagt er und greift zitternd nach dem Geldbeutel, „und wie viel schulde ich Ihnen?"

Den folgenden Witz könnte man auch unter dem Stichwort „Systemische Perspektiven der Amnesie" in das Handbuch aufnehmen.

☞ Ein recht altes Ehepaar sitzt am Montag Nachmittag vor dem Fernseher. Er schaut sich die Wiederholung des „Forellenhofes" an. Sie versucht, ihn zu motivieren, Eis zu holen. Schließlich stimmt er zu. „Soll ich es dir aufschreiben?“, will sie wissen. Er verneint. Sie hakt aber nach: „Ich möchte aber Bananasplit. Soll ich es dir nicht doch aufschreiben?“ Er wird unwillig: „Für wen hältst du mich eigentlich?“ Sie: „Ja, aber du weißt doch, dass ich ein ganz bestimmtes möchte: Links habe ich gerne das Vanilleeis und rechts das Schokoladeneis. Auf der Sahne sollten viele Mandelsplitter und ein paar Schnapskirschen sein. Soll ich es dir nicht besser aufschreiben?“ Er macht sich fertig, und sie will es noch mehrfach aufschreiben, was er jedoch konsequent ablehnt.

Nach knapp einer Stunde kommt er mit der Einkaufstüte zurück, und sie schaut sofort hinein. Die Tüte ist voller Laugenbrezeln, und sie zetert los: „Das habe ich mir doch gleich gedacht. Du hast wieder einmal die Butter vergessen!“

Das Vergessen mancher Dinge kann für manche auch etwas Wohltuendes haben. Umgekehrt leiden einige darunter, dass sie nicht vergessen können. Wie hat doch einmal Gerhard Polt gesagt: „Dass meine Frau Nachbarin so nachtragend ist, das vergesse ich ihr nie.“

☞ Abschließend noch eine Anekdote: Ein Schiff nähert sich einer einsamen, kleinen Insel im Meer. Auf der Insel steht ein alter Mann mit langem Bart. Einige Matrosen brüllen zur Insel rüber, ob der Mann ein Schiffbrüchiger sei. Der Mann verneint und ruft, er habe sich hierher zurückgezogen, um zu vergessen. Die Besatzung ist gerührt, und einige rudern mit einem Beiboot rüber und fragen den alten Mann, was er denn vergessen wolle. Dieser antwortet: „Das habe ich vergessen."

O. k., vergessen wir dieses Thema.

Die analytische Regel

☞ Die Patientin sagt zu ihrem Therapeuten: „Küssen Sie mich, Herr Doktor!" Der Doktor sagt: „Das darf ich nicht. Nach der strengen analytischen Regel dürfte ich nicht einmal neben Ihnen auf der Couch liegen."

Anthropologie

Laut Erickson das Fach, das man studieren sollte, wenn man ein guter Psychotherapeut werden will. Aufmerksamkeit für unterschiedliche Sichtweisen und Weltbilder in unterschiedlichen Kulturen schärft auch den Blick und das Verständnis für ideosynkratische Sichtweisen innerhalb der eigenen Kultur.[3]

Die Relevanz dieses Themas zeigt sich auch an den vielen Witzen, die Unterschiede zwischen den Völkern karikieren.

☞ Was ist der Unterschied zwischen einem englischen, einem französischen und einem deutschen Rentner?

Der englische Rentner geht morgens zur Rennbahn und nachmittags in sein Pub. Der französische Rentner geht morgens in sein Bistro und nachmittags zu seiner Freundin. Der deutsche Rentner nimmt morgens seine Herzmedikamente und geht nachmittags arbeiten.

☞ Ein Deutscher, ein Amerikaner und ein Franzose streiten sich, in welchem Lande die attraktivsten Frauen beheimatet sind.

Der Franzose sagt: „Wenn ich morgens meiner *chérie* Adieu sage, dann nehme ich *ma chérie* immer von hinten in die Arme. Und wenn ich mein *chérie* von hinten in die Arme nehme, dann berühren sich meine Hände nicht. Das ist aber nicht, weil wir Franzosen so kurze Arme haben. Non, non. Das ist, weil unsere Frauen so attraktiv sind."

Der Amerikaner kontert: „Wenn ich morgens zur Arbeit gehe und meinem Darling *good bye* sage, dann reitet my Darling meist auf ihrem Reitpferd. Und wenn mein Darling auf dem Reitpferd reitet, dann berühren ihre Fußsohlen die Erde. Das ist aber nicht, weil wir Amerikaner so kleine Pferde haben. No, das ist, weil unsere Frauen so attraktiv sind."

Der Deutsche sagt: „Wenn ich morgens meinem Liebling Tschüs sage, dann tätschle ich meist den Po von meinem Liebling. Und dann wackelt der Po etwas. Und wenn ich nach Hause komme, wackelt der Po immer noch. Das ist aber nicht, weil unsere Frauen so dick sind. Nein, nein, das ist, weil unsere Arbeitszeiten so kurz sind."

Besonders fasziniert war ich, dass ich von diesem Witz zum ersten Mal Ende 1992/Anfang 1993 hörte, als die ökonomischen Probleme der deutschen Einheit zunehmend ins Bewusstsein rückten.

☞ Zwei Israelis steigen in einen Zug ein. Die einzigen freien Plätze sind in einem Abteil mit zwei Arabern. Anfangs ist eine große Spannung. Mit der Zeit jedoch kommt man ins Gespräch. Die zu hohen Preise der Bahn waren ein willkommener Gesprächsanlass. Die beiden Israelis erzählen, dass sie deswegen grundsätzlich immer nur eine Fahrkarte lösen würden. Die Araber bezweifeln, dass man damit durch die gründliche Kontrolle kommen könne. Die Israelis sagen nur, dass sie einfach mal zuschauen sollen, wie sie es bei der Fahrkartenkontrolle machen würden. Kurze Zeit später hört man aus der Ferne: „Die Fahrausweise, bitte!“ Die beiden Israelis stehen kurz nacheinander auf und verschwinden auf die Toilette. Der Kontrolleur kontrolliert nach einiger Zeit die beiden Araber und kommt an die verschlossene Toilette. Er klopft: „Ihr Fahrausweis, bitte!“ Die beiden schieben ihren Fahrausweis unter der Tür durch, der Schaffner knipst die Karte und geht in den nächsten Wagen.

Eine Woche später – der Zufall will es so – treffen sich die vier am Bahnsteig und gehen auch in ein gemeinsames Abteil. Die Araber bedanken sich für den Tipp mit der Fahrkarte und erzählen, dass sie auch nur eine Fahrkarte gelöst haben. Es ist eine gewisse Spannung im Abteil. Alle lauschen, damit sie rechtzeitig den Schaffner mitbekommen. „Ihre Fahrausweise, bitte!“, hört man schließlich aus der Ferne. Die beiden Araber explodieren förmlich in Richtung Abteiltür und verschwinden auf der Toilette. Es vergeht ein Moment. Dann klopft einer der beiden Israelis an die Toilettentür: „Ihre Fahrkarte, bitte!“

Aber gehen wir noch weiter in Richtung Süden. Nach Afrika.

☞ Ein Entwicklungshelfer kommt auf Heimaturlaub. Er zeigt seine Dias, und seine Freunde sitzen bis in die Nacht. Er erzählt, und die Freunde fragen.

Schließlich kommt man auf das Thema auf „Sexualität“, und einer der Freunde will wissen, ob die schwarzen Männer tatsächlich potenter seien. „Stimmt es eigentlich, dass die längere Penisse haben, oder ist das nur ein Gerücht?“ Der Entwicklungshelfer bestätigt, dass schwarze Männer tatsächlich besser bestückt sind. „Ist das von Natur so, oder haben die da einen Trick?“, will man weiter wissen. „Oh“, sagt der Entwicklungshelfer, „ich habe lange gebraucht, um da etwas zu erfahren. Aber jetzt habe ich einen sehr guten Freund bei den Schwarzen, und der hat mir das Geheimnis verraten. Genauso wie sie schon den kleinen Mädchen kleine Gewichte an die Ohrläppchen hängen und immer größere Gewichte und damit die Ohrläppchen verlängern, genauso hängen sie den kleinen Buben kleine Gewichte an den Penis und immer größere Gewichte, und das verlängert das Glied schließlich um einiges.“

Der Frager ist begeistert: „Das überzeugt mich. Das überzeugt mich. Das könnte funktionieren. Ich glaube, das probiere ich mal aus.“ Der Entwicklungshelfer warnt: „Sei vorsichtig. Die machen das bei kleinen Buben und nicht bei Erwachsenen.“ Aber sein deutscher Freund bleibt total fasziniert von dieser Idee.

Ein Jahr vergeht, und der Entwicklungshelfer ist wieder auf Heimaturlaub. Wieder wird erzählt und ausgetauscht, was alles in Afrika und Deutschland in dem Jahr geschah. Schließlich erinnert sich der Entwicklungshelfer an die Diskussion vor einem Jahr. „Sag mal, hast du das mit den Gewichten tatsächlich selbst ausprobiert?“ – „Klar“, sagt sein Freund. „Und? Funktioniert es tatsächlich?“ „Teilerfolg, Teilerfolg“, sagte der Freund, „schwarz ist er schon.“

Ein schönes Beispiel dafür, wie fruchtbar interkultureller Kontakt sein kann.

Apparatemedizin und sprechende Medizin

☞ Auf einer Ärztetagung wird ein Wunderwerk an neuer Diagnosemaschine angeboten. Aus dem Urin kann diese Maschine angeblich alle Krankheiten diagnostizieren. Alle Ärzte sind begeistert, da sie endlich mehr Zeit für das ärztliche Gespräche haben werden. Einer der Ärzte bestellt das Gerät sofort, und eines Abends liefert kurz vor Praxisschluss UPS die Wundermaschine. Der Arzt packt aus, studiert die Bedienungsanleitung und stellt, menügesteuert über das Display, alle notwendigen Dinge ein, pinkelt auf den Teststreifen, schiebt diesen in die Maschine, und tatsächlich: Es vergehen nur Sekunden, und eine wohltönende Stimme sagt: „Die Diagnose ist Tennisarm, die Diagnose ist Tennisarm.“ Der Arzt ärgert sich über diesen Unsinn, über den Urin Tennisarm diagnostizieren zu wollen. Er ist so empört, dass er sich zu Hause Urin von seinem 17-jährigen Sohn, von seiner 15-jährigen Tochter und von seiner Frau geben läßt. Morgens mischt er alles zusammen, nicht ohne seinen eigenen Urin und den des Hundes beizumischen. In der Praxis schüttet er die Mischung auf den Teststreifen und schiebt ihn ein. Nach wenigen Sekunden ertönt die wohltuend gelassene Stimme: „Ihr Hund hat die Räude, Ihre Tochter ist schwanger, Ihr Sohn ist homosexuell, Ihre Frau hat einen Liebhaber, und wenn Sie nicht das Onanieren reduzieren, wird es mit ihrem Tennisarm noch schlimmer."

Lenkung von Assoziationen

Psychotherapeutische Hypnose hat viel mit der Lenkung von Assoziationen zu tun. Wie subtil und gleichzeitig komplex das geschehen kann, zeigt die folgende Begebenheit.

☞ Der Watergate-Skandal war auf dem Höhepunkt. Richard Nixon versuchte verzweifelt, seinen Kopf zu retten. Und dann fühlte sich auch noch seine Frau vernachlässigt. Eine Freundin riet ihr, es doch mal mit Reizwäsche zu versuchen. Vielleicht könne man auf diese Art wenigstens etwas Aufmerksamkeit des Mannes gewinnen. Frau Nixon ließ sich die neuesten Modelle aus Frankreich und Italien vorführen. Besonders hatte es ihr ein spezielles Stück in schwarzer Seide angetan, bei dem vom Slip ein schwarzer Träger quer über den Bauch zu einem Stück Seide lief, das die eine Brust bedeckte. Von dort lief der Träger dann über die Schulter und den Rücken wieder zum Slip. Die andere Brust blieb frei, und Frau Nixon war überzeugt, dass dies das richtige Modell sei. Sie kleidete sich damit und legte sich aufs Ehebett. Stunde um Stunde verging. Lange nach Mitternacht wankte Richard erschöpft von den vielen Beratungen und Amtsgeschäften ins Schlafzimmer. Er warf einen geistesabwesenden Blick auf seine Frau, drehte sich in Richtung Tür und murmelte: „Ach Gott, Moshe Dayan muss ich auch noch anrufen.“[4]

Den Klienten in ihrem Bezugsrahmen begegnen

„Begegne dem Klienten in seinem Bezugsrahmen“ ist einer der Ansprüche des in ericksonschen Denkweisen geschulten Psychotherapeuten. Also, das Weltbild des Klienten soll respektiert und genutzt werden. Dieser Grundsatz findet auch im nichttherapeutischen Bereich immer mehr Aufmerksamkeit, da Widerstände vermieden und der Kontakt verbessert werden. Was weniger bekannt ist, ist, dass die Polizei unterdessen eine Sonderbrigade (GFE 7) in diesen Ideen geschult hat.[5]

☞ Bei einer supervisorischen Einsatzfahrt konnten wir uns kürzlich überzeugen, welch hohes Niveau Beamte der GFE bezüglich dieses Prinzips unterdessen erreicht haben. Hier der Bericht unseres Supervisors.

Am Rande einer Fußgängerzone stecken sich die Beamten einen auffälligen Button an die Kleidung. Der Button enthält den neuen Slogan: „GFE 7. In gnadenloser Güte – euer Freund und Helfer“.

Nach kurzer Zeit spricht ein Fußgänger einen der beiden GFE-Beamten an:

Darf man bei Orange die Straße überqueren? Der Polizist antwortet: „Nicht bei Orange und nicht bei Himbeer. Nur bei Waldmeister.“

Per Funk werden die Spezialbeamten kurz darauf zu einem Haushaltswarengeschäft gerufen. Der Verkäufer ist verzweifelt: „Dieser Mann möchte hier unbedingt einen Volkswagen kaufen!“ Der GFE-Beamte nimmt spontan guten Kontakt auf, indem er fragt: „Möchten Sie ihn eingepackt oder zum Gleich-Essen?“

Kurze Zeit später stoppen die Beamten einen offensichtlich betrunkenen Autofahrer, der wie ein Verrückter mit hoher Geschwindigkeit durch die Gegend gerast war. „Was fällt Ihnen ein, ich fahre eine wichtige Rallye und liege in Führung!“, beschwert sich der Rennfahrer. „Oh,“ sagt der GFE-Beamte, „ich muss bei Ihnen eine Dopingkontrolle vornehmen.“

Später am Abend gehen die Beamten zu einer Kontrolle in eine zwielichtige Bar: Die Atmosphäre ist etwas gespannt, und unsere GFE-Beamten scheinen nicht sehr beliebt zu sein. Der Wirt hinter dem Tresen sucht nach Möglichkeiten, unsere Beamten zu provozieren und öffentlich lächerlich zu machen. Der eine Beamte bestellt sich ein Bier. „Zweisechzig“, sagt der Wirt. Der Beamte bezahlt mit einem Fünf-Euro-Schein. Der Wirt greift aufreizend lässig in die Kasse und holt 24 Zehn-Cent-Stücke raus und wirft sie neben dem Polizisten auf den Boden. Ein aufreizend lässig an der Theke lehnender Gast beginnt zu lachen. Dann folgt eine Weile Schweigen. Der Beamte trinkt einen Schluck aus seinem Glas, stellt es ab und greift aufreizend lässig (siehe Pacing) in seine Jacke, zieht zwei Zehn-Centmünzen hervor und wirft sie ebenfalls auf den Boden. „Bitte noch ein Bier für den Freund mit dem herzlichen Lachen“, sagt er.

Die Beamten sind zufrieden mit ihrem Tag und ihrer Spezialausbildung. „Weißt du noch, wie konfus wir manchmal waren?“, sagte der eine zum anderen. „Ja“, sagte der andere lachend, „ich erinnere mich an meine Hilflosigkeit, als ich auf einem Rasthof zwischen Frankfurt und Heidelberg nach dem Weg nach Stuttgart gefragt wurde. Ich habe den Fahrer gefragt: ‚Ja, wollen sie über Heilbronn oder über Karlsruhe fahren?‘ Und der hat zu mir gesagt: ‚Eigentlich möchte ich über Pfingsten fahren.‘“

Der eine der Spezialbeamten erzählt auch, dass sich seine Freundin für seine Ausbildung interessiere. Sie sei Staatsanwältin. Kürzlich sei es in der Verhandlung einem Exhibitionisten gelungen, sich blitzschnell zu entkleiden. Sie habe einen kurzen Blick auf den Mann geworfen und beantragt, das Verfahren wegen Geringfügigkeit einzustellen.

Nachzutragen ist noch, dass auch die neue Ausbildungsgruppe Fortschritte macht. Bei einer Zwischenprüfung wurde einer der Beamten gefragt: „Angenommen, Sie sind im Sondereinsatz im Schwabenland und sollen einen Menschenauflauf zerstreuen. Wie machen Sie das?“ Der angehende GFE-Beamte antwortete: „Ich befehle meiner Einsatztruppe ‚Mützen ab!‘ und schicke alle zum Sammeln.“

Bühnenhypnose

Bei der Bühnenhypnose werden hypnotische Phänomene zu Show- und Unterhaltungszwecken missbraucht. Bühnenhypnose ist in einigen Ländern unter Strafe verboten.

Warum und was passieren kann, zeigt folgende Geschichte:[6]

☞ Ein junger Mann entdeckt sein Talent zum Hypnotisieren. Er lässt Plakate drucken und kündigt eine Hypnoseshow im großen Saal des Kurhauses an. Der Festsaal ist gut gefüllt. Er holt sechs Freiwillige auf die Bühne und benutzt seine wertvolle, alte Taschenuhr als Pendel. Und in der Tat, die sechs Freiwilligen gehen tief in Trance. Der junge Mann ist begeistert und beschließt, gleich das ganze Auditorium zu hypnotisieren. Er steigt von der Bühne und geht mit seiner Uhr ins Publikum. Und wiederum: Praktisch das ganze Auditorium geht in Trance und folgt jeder seiner Suggestionen. Der junge Hypnotiseur eilt wieder auf die Bühne und stolpert. Er zerschlägt dabei dieses alte Familienerbstück, die Taschenuhr. Beim Anblick der Uhr entfährt ihm ein lautes „Scheiße".

Zehn Tage später war die Stadtreinigung immer noch mit dem Putzen des Festsaales beschäftigt.

☞ Um den Schadenersatzforderungen genügen zu können, beschließt er, in der Nachbarstadt die Waldbühne zu mieten und mit einer Variation seiner Bühnenhypnose erfolgreich zu sein. „Ich kann alle Gebrechen heilen!", ruft er in den Saal. „Hat jemand ein Gebrechen?" – „ Ja, ich", antwortet ein älterer Mann mit Krücken, „ich kann kaum noch gehen." – „Lahmer, komm auf die Bühne, dir soll geholfen werden. Hat sonst noch jemand ein Gebrechen?" Es meldet sich nur noch ein Mann mit einer Hasenscharte. Unser Bühnenhypnotiseur sagt: „Geht beide hinter die spanische Wand."

Der Hypnotiseur spricht suggestiv in Richtung spanische Wand. Das Publikum ist stumm vor Spannung. „Und nun, Lahmer, wirf deine Krücken weg!" Man sieht, wie die Krücken über die spanische Wand fliegen. Ein Raunen geht durchs Publikum. „Und nun, Mann mit der Hasenscharte: Sprich!" Man hört nichts. „Noch einmal, Mann mit der Hasenscharte, sprich!" Und das Publikum vernimmt:

„Der Lahme ist guad auf die Ffesse gefuogen!"[7]

Collapsing anchors[8]

Collapsing anchors ist ein Technik des NLP, mit der zwei Befindlichkeiten eines Klienten mit einem Stimulus konditioniert oder verankert und später dann diese beiden Zustände miteinander verknüpft werden. Beispielsweise wird der Angstzustand „geankert" sowie ein angstfreier, selbstsicherer Zustand. Nach Verknüpfung der beiden soll da, wo früher Angst war, Zugang zu Selbstsicherheitsgefühlen möglich sein. Wie diese Technik sich kreativ anwenden lässt, zeigt folgende Geschichte.

☞ Im Zug fährt eine attraktive Frau. Ein Mann betritt das Abteil und sucht schließlich Kontakt mit der Schönen, die anscheinend an einem wissenschaftlichen Papier arbeitet. „Fahren Sie auch nach Berlin?“, fragt er nach einiger Zeit. „Nein, nach Leipzig auf eine Tagung.“ – „Ach, das ist ja sehr interessant, was für eine Tagung?“ – „Eine Sexologentagung“, antwortet die Frau. „Ach, eine Sexologentagung! Das ist ja sehr interessant. Was machen Sie denn da?“ – „Ich halte da einen Vortrag über meine Forschungsergebnisse.“ – „Einen Vortrag! Das ist ja sehr interessant. Was haben Sie denn herausgefunden?“ – „Ja, das ist sehr interessant“, berichtet die Wissenschaftlerin, „ich habe das Sexualverhalten von Männern in verschiedenen Kulturen untersucht.“ – „Oh, das ist ja sehr interessant. Das Sexualverhalten von Männern in unterschiedlichen Kulturen. Was haben Sie denn da herausgefunden?“ – „Das Hauptergebnis war, dass die Polen die längsten haben und die Indianer am längsten können. Aber ich habe jetzt viel von mir erzählt, was machen Sie eigentlich?“ – „Oh, entschuldigen Sie die Unhöflichkeit“, sagt der Mann. „Ich habe mich noch gar nicht vorgestellt. Ich heiße Kowalski, äh ... Winnetou Kowalski."[9]

Delegation

Konzept, das von Helm Stierlin in die Familientherapie eingebracht wurde. Ein Delegierter wird von seiner Familie ausgesandt und erfüllt an der langen Leine der Loyalität seine Aufträge (z.B. ein berühmter Wissenschaftler zu werden oder als Feministin die Ausbeutung der Mutter zu rächen).[10]

☞ Dass bei der Prägung dieses Konzeptes eine amerikanische Army-Family mit Namen Brown eine Rolle gespielt hat, ist gemeinhin sehr wenig bekannt geworden. Besagte Familie Brown fuhr mit der Straßenbahn in Heidelberg Richtung Eppelheim. Helm Stierlin stieg, während eines kurzen Heimaturlaubs gerade aus den USA kommend, in dieselbige Straßenbahn. Zwischen einer alten bayerischen Dame, der Familie Brown und Helm Stierlin entspann sich folgender kurzer Dialog.

„Mei, da ham's aber zwei süße Buam. Wia alt saan die denn?"

Mrs. Brown: „Sorry, what do you mean"

Helm Stierlin, intervenierend: „This old lady likes your boys very much. Hmm. She is asking in which age are these boys?"

Mrs. Brown: „Oh, how nice. You can tell her that the lawyer is three and the doctor is four and a half."

Helm Stierlin zu der alten Dame: „Oh, das ist sehr nett. Hmm. Der Rechtsanwalt ist drei Jahre alt und der Arzt ist Viereinhalb. Hmm."

Dissoziation

Von Dissoziation spricht man, wenn ein Teil der Erfahrung vom Ganzen abgetrennt ist. In Trance können zum Beispiel Teile des Körpers dissoziert sein (siehe *Schmerzkontrolle*), oder es kann auch ein Teil des Erlebens oder Gefühle können abgespalten sein. Manche sprechen auch davon, dass jemand völlig „cool" ist.

Die folgende Geschichte zeigt, wie jahrelanges Training diese Fähigkeit zur Dissziation zur vollen Reife ausbilden kann.

☞ Zwei ehemalige Hypnotherapeuten, erfahren in Hetero- und Autohypnose, sind vor Jahren ausgestiegen und wandern als Landstreicher durch die Gegend. Plötzlich liegt auf der Straße rechts ein abgerissenes Bein. „Sauber, sauber", sagt der eine cool, und der andere denkt an den alten Spruch: „Lieber arm dran als Bein ab." Die beiden wandern weiter. Aber schon nach ein paar Metern liegt das andere Bein. Wieder ein Stück weiter eine Hand und dann ein Oberarm. Die beiden wandern mit gleichem Tempo gemächlich weiter. Links an der Straße liegt ein Kopf, Gesicht nach unten. Der eine der beiden Exkollegen greift nach den Armen und dreht den Kopf herum und sagt: „Jesses, der Huber-Karle! Es wird ihm doch nichts passiert sein!?“[11]

Die Geschichte zeigt vielschichtig unterschiedliche Dissoziationsphänomene bei den verschiedenen Personen auf.

Doublebind

Beim Doublebind geht es um zwischenmenschliche Zwickmühlensituationen. Egal was man auch tut, es ist immer falsch, und es gibt keinen Ausweg. Bateson, Jackson, Haley und Weakland entwickelten um dieses Konzept eine Vorstellung von der Entstehung von Schizophrenie.

Weniger bekannt ist, dass Bateson den erleuchtenden Durchbruch auf einem Baum hatte. Und das kam so.

☞ Bateson und Haley wollten Erickson in Phoenix besuchen. Auf dem Weg von Palo Alto nach Phoenix machten sie Pause in einem Nationalpark und diskutierten während eines Spaziergangs über die Rätsel der schizophrenen Kommunikation. Sie vergaßen darüber ein wenig die Zeit und den Weg. Plötzlich stehen Sie vor einem riesigen Bären. Sie flüchten in Panik. Bateson klettert blitzschnell auf einen Baum, und Haley rennt in eine nahe Höhle. Bateson kommt kaum zum Aufatmen, denn plötzlich rennt Haley wieder aus der Höhle und dem riesigen Bären beinahe in die Arme. Er kehrt um und rast wieder in die Höhle – aber Sekunden später rast er wieder raus auf den Bären zu. Dann macht er kehrt und rennt schon wieder in die Höhle. Bateson brüllt verzweifelt hinter ihm her: „Verdammt, bleib doch erst mal in der Höhle." Aber Haley kommt schon wieder und brüllt: „Geht nicht. Da ist ein anderer Bär!"

EE-Studien und der psychoedukative Ansatz

Die so genannten EE-Studien (*EE: expressed emotion*) zeigen auf, dass bei depressiven und psychotischen Patienten die Rückfallwahrscheinlichkeit entsprechend der Häufigkeit der ihnen gegenüber ausgedrückten negativen Emotionen (Kritik, Zurückweisung, bevormundende Einmischung etc.) zunimmt. Der psychoedukative Ansatz versucht, davon ausgehend, die

Angehörigen pädagogisch darin zu unterweisen, die negativen Verhaltensweisen zu reduzieren. Von systemischer Seite wird kritisiert, dass dabei wichtige Systemgesichts-punkte außer Acht bleiben und die Rolle des Indexpatienten festgeschrieben werden könnte.

Dem Psychiater Dr. F. aus K. gelang es nach Durcharbeiten des Buches *Die Behandlung psychotischen Verhaltens. Psychoedukative Ansätze versus systemische Ansätze* [12], die beiden Perspektiven kurzfristig zu versöhnen.

☞ Der Psychiater redet der Ehefrau des Patienten ins Gewissen. Ihr Mann leidet unter schweren Depressionen. Er braucht wirklich absolute Ruhe und Erholung. „Ich weiß, Herr Doktor, aber er hört einfach nicht auf mich." – „Ausgezeichnet," meint der Psychiater, „das ist ein guter Anfang!"

Dem Vernehmen nach waren derartige Interventionen dem Psychiater nur in einer Phase kreativer Konfusion vergönnt. Kurze Zeit danach hat er den Versuch des Sowohl-als-auch verworfen und sich für ein klares Entweder-oder entschieden. Dadurch, dass er einen der beiden Ansätze als alleinig richtigen erkannt hat, fanden seine Interventionen wieder zu einer klaren konzeptuellen Orientierung zurück.

Empirische Wissenschaft

Psychotherapeuten wird manchmal vorgeworfen, ihre therapeutischen Methoden nicht genügend empirisch abgesichert zu haben. Sie kontern dann oft, dass sogar die Physiker wieder von diesem Wissenschaftsparadigma abgekommen seien oder dass Physiker sagen: „Alles was exakt ist, ist irrelevant."

Die komplexe Problematik von Exaktheit versus Relevanz zeigt die folgende Situation:

☞ Zwei Freunde unterhalten sich. „Hast du von der neuen Untersuchung in der Zeitung gelesen: Jede zweite deutsche Hausfrau geht fremd?" – „Und was habe ich davon, wenn ich das weiß? Ich brauche Namen, Anschriften und Telefonnummern!"

Ethnopsychiatrie und Ethnomedizin

Ethnomedizin und Ethnopsychiatrie sind Bereiche der Völkerkunde, die sich mit dem medizinischen und psychiatrischen Wissen anderer Völker und Kulturen beschäftigen.

☞ Ein ethnomedizinisch interessierter Arzt ist auf Afrikareise, um Steinzeitmedizinmänner zu finden und zu studieren. In der Hauptstadt des Landes bereitet er seinen Trip ins Landesinnere vor. Abends ist er in einer Bar, als plötzlich ein kleines Männchen von höchstens 40 cm Größe die Bar betritt. Der Mann trägt die typische Kleidung der weißen Farmer in diesem Teil Afrikas. Der Barkeeper setzt das Männchen direkt auf die Bar. Der Arzt ist fasziniert und schaut fragend zum Barkeeper. Der Barkeeper wendet sich an das kleine Männchen und sagt: „Hey, Joe, erzähle doch dem Fremden mal, wie du damals zum Medizinmann ‚Du fieser kleiner Scharlatan' gesagt hast!"

Extrapunitiv

Kategorie, die Jeffrey Zeig in seinem Diagnoseschema verwendet. Sie bezeichnet eine Persönlichkeitseigenschaft, die sich darin äußert, die Schuld immer nach außen zu verlagern und nie bei sich zu suchen.

Bis vor kurzem war unklar, wie diese Haltung familiendynamisch entsteht. Beim Ausruhen im Park in der Nähe eines Kinderspielplatzes hat ein Entwicklungspsychologe eine überraschende Interaktionsbeobachtung machen können, die möglicherweise Licht ins Dunkel bringen könnte. Auf besagtem Spielplatz schrie eine Mutter plötzlich auf: „Meinem Kind hat jemand in die Pampers geschissen!"

Er kombinierte dies assoziativ sofort mit Wygotskis entwicklungspsychologischer Maxime: „Die Struktur der äußeren Interaktion wird zur Struktur des inneren Dialogs", und entwickelte seine Theorie der Genese des extrapunitiven Haltung.

Wie verwoben solche Haltungen mit der Gesamtpersönlichkeit sein können, zeigt die folgende Episode.

☞ Jenes Kind aus obiger Geschichte lief einige Jahre später auf einem See Schlittschuh, während die Mutter sich mit einer alten Freundin am Ufer unterhielt. Plötzlich hörte man einen entsetzten Schrei. Im See war ein Loch, und die Kinder liefen kreischend in Richtung Ufer. Ein Mann lief zum Loch, riß sich unterwegs die Kleider vom Leib und stürzte sich in das eisige Wasser. Einige Sekunden war er verschwunden, dann tauchte er mit einem Kind wieder auf. Mithilfe zweier Handwerker, die gerade mit einer Leiter unterwegs waren, gelang es, sowohl das Kind als auch den Mann aus dem Wasser zu ziehen. Die drei Männer brachten der Mutter stolz das nasse und geschockte Kind. Die Mutter wandte sich sofort an den Mann, der nach dem Kind getaucht hatte, und sagte: „Das Kind hatte aber eine Mütze auf!"

Hypnosystemische Familientherapie

Bei der hypnosystemischen Familientherapie handelt es sich – wie der Namen sagt – um eine Kombination von ericksonscher Hypnotherapie mit systemischer Therapie.

Nach gewöhnlich gut unterrichteten Kreisen soll bei der Entwicklung des Ansatzes folgender Fall eine Rolle gespielt haben.

☞ Gunther Schmidt – einer der späteren Hauptvertreter dieses Ansatzes – schickt seinen Grundkurs in systemischer Therapie in die Mittagspause. Im Flur wartet schon ein Einzelklient. Der Mann schildert seine Sexualprobleme. Er habe keinerlei sexuelle Bedürfnisse mehr, und nur Hypnose könne ihm noch helfen. Gunther Schmidt nutzt die Gelegenheit, endlich mal wieder im einzeltherapeutischen Setting Hypnose üben zu können.

Nach einigen einleitenden Worten beginnt er mit der inhaltlichen Arbeit: „… Sie liegen auf einer Couch und sind ganz entspannt. Ganz entspannt und wunderbar gelassen. Sie hören ihre Lieblingsmusik. Ein Kaminfeuer brennt. Sie haben seit fünf Jahren keine Frau gesehen. Seit fünf Jahren haben Sie keine Frau mehr gesehen. Ihre Sehnsucht wird größer und größer. Sie riechen das Kaminfeuer, und Sie hören die schöne

Musik. Die Tür öffnet sich leise, und Ihre Sehnsucht ist riesig. Eine wunderschöne Frau kommt herein. Sie ist nur leicht bekleidet, und Sie riechen ihr wunderbares Parfum und den Duft ihrer Haare. Eine unwiderstehliche Leidenschaft erfasst sie. Ein Beben geht durch Ihren Körper. Und während Ihr Körper mehr und mehr bebt und zittert, beginnen Sie, langsam zu sprechen, und Sie schildern, was sie erleben ..."

Gunther Schmidt macht eine kleine Pause, um es dem Klienten diskret zu ermöglichen, das Geschehen nach den eigenen inneren Fantasien weiterzugestalten. Und in der Tat, nach einer typischen zeitlichen Verzögerung beginnt der Klient, mit weiterhin bebendem Körper zu sprechen. Und er wiederholt immer wieder leise diesen einen Satz: „Und was würde Mami dazu sagen? Und was würde Mami dazu sagen? ..."

Noch bevor die Workshopteilnehmer aus der Pause zurückkehrten, hatte Gunther Schmidt einige entscheidende Einsichten bezüglich der notwendigen Verknüpfung von hypnotischen und systemischen Verfahren. Und es wird auch behauptet, dass Gunther seit jenem wissenschaftlich so kreativen Augenblick die Gewohnheit hat, in jeder Workshoppause Klienten zu sehen.

Fokussierte Aufmerksamkeit

Der Trancezustand, mit dem die therapeutische Hypnose häufig arbeitet, ist ein hoch fokussierter Aufmerksamkeitszustand. Man ist konzentriert auf eine Sache, und alles andere spielt keine Rolle. Nicht umsonst wollte der Erfinder des Begriffes Hypnose diesen später ändern in Monoideismus (Einideeigkeit; konzentriert auf eine Idee). Das Gesicht von Boris Becker beim Aufschlag spiegelt diesen hochkonzentriert-entspannten Zustand sehr schön wider.

Folgende Gegebenheit handelt unter anderem auch von diesem Zustand.

☞ In einem sehr feinen englischen Country-Club begehrt ein relativ unscheinbarer junger Mann um Aufnahme. Zum Aufnahmeritual gehört eine Runde Golf auf der gepflegten Clubanlage. Zum vereinbarten Termin wird zuerst ein Tee getrunken. Die Cluboberen wundern sich schon, dass der Proband einen Feldhockeyschläger, einen Eishockeyschläger und ein Billardqueue dabeihat. Aber in britischer Gelassenheit lässt man ihn gewähren. Die Verwunderung ist allerdings groß, als der junge Mann nach einer kurzen Konzentrationsphase mit dem Feldhockeyschläger einen Wahnsinnsabschlag hinlegt. Anschließend befördert er den Ball mit dem Eishockeyschläger aufs

Grün und puttet dann aus acht Meter Entfernung mit dem Billardqueue ein. So geht Loch um Loch. Nach der 68. Runde gehen die Cluboberen etwas verwirrt mit ihm in die Clubbar. Dort bestellt sich der junge Mann einen Scotch Soda. Er besteht jedoch darauf, diesen selbst zu mischen. Er stellt das Sodaglas auf den Tresen und stellte sich in zwei Meter Entfernung mit dem Rücken zum Tresen auf. Er konzentriert sich kurz und schüttet den Scotch über seine Schulter genau ins Sodaglas. Nach dieser neuerlichen Demonstration einer unglaublichen Fähigkeit, Körperbewegungen zielgerichtet koordinieren zu können, ist er einem Hagel von Fragen ausgesetzt. Der junge Mann erklärt, dass er das Talent dazu schon immer habe und diese Fähigkeit schon von seiner Kindheit an trainiert hat. Mit der Zeit wurde es langweilig, und so hat er sich angewöhnt, alles, was mit Körperbewegungen und Koordination zu tun hat, auf die schwierigstmögliche Art zu tun. Er spiele Tennis grundsätzlich nur noch mit Tischtennisschlägern, Tischtennis mit Badmintonschlägern usw.

„Augenblick", unterbricht ihn der Clubvorsitzende, „Sie sagen, Sie machen alles, was mit Körperbewegungen zu tun, hat auf die schwierigstmögliche Art. Da habe ich mal eine Frage ..."

Da unterbricht ihn der junge Mann: „Ich weiß, was Sie mich fragen wollen. Das fragen mich alle. Also, das mache ich stehend. In der Hängematte."

Klare Generationsgrenzen

Sowohl die strukturelle Familientherapie (Minuchin) wie auch die strategische (Haley) betonen die Notwendigkeit von klaren Hierarchien für das Funktionieren der Familien. Also, es muss klar sein, wer die Eltern sind, und es muss klar sein, wer die Kinder sind.

Die folgende Anekdote zeigt diese Mechanismen und mögliche therapeutische Interventionen in schlichter und doch eindrücklicher Weise.[13]

☞ Es war einmal vor vielen, vielen Jahren, als die Gewerkschaften und die Unternehmer begannen, soziale Komponenten in den Kapitalismus einzufügen. Damals einigten sich eine Gewerkschaft und ein Firmeninhaber auf eine Altersversorgung für die Belegschaft unter der Voraussetzung, dass alle Mitarbeiter, und zwar ausnahmslos alle, sich beteiligen und innerhalb eines Monates den Vertrag unterzeichnen. Alle Belegschaftsmitglieder unterschreiben, nur nicht der Lagerverwalter Paul Hans. Ihm ist das Ganze zu kompliziert, er versteht den Sinn und den Vorteil nicht, und außerdem unterschreibt er nicht gerne Dinge, die er nicht versteht. Leute, die ihn besser kennen, würden vielleicht sogar sagen, er unterschreibt generell sehr ungerne.

Die Kollegen versuchen es, die Vorgesetzten, die Gewerkschafter – es nutzt nichts. Die Frist für den Beitritt aller droht zu verstreichen, und damit gerät der ganze mühsam ausgehandelte Vertrag für alle in Gefahr.

Paul Hans wird schließlich zum Generaldirektor der Firma gerufen. Auf dem Schreibtisch liegen der unterschriftsfertige Vertrag und ein Füller. Der Direktor beginnt zu sprechen: „Herr Hans, ich kenne und schätze Sie seit vielen Jahren als zuverlässigen Lagerverwalter in unserer Firma. Zu dem, was ich nun zu Ihnen zu sagen habe, habe ich die Zustimmung Ihrer Kollegen und Ihrer Gewerkschaft. Herr Hans, wir sind im sechsten Stock. Falls Sie den Vertrag nicht unterschrieben haben, bis ich auf zehn gezählt habe, habe ich Sie aus diesem Fenster zu werfen, und das Zählen beginnt jetzt: eins, zwei, drei ..." Paul Hans greift zum Füller und unterschreibt in aller Ruhe. Der Direktor faltet den unterschriebenen Vertrag zusammen und fragt: „Mann, bei allem, was recht ist, warum haben Sie den Vertrag nicht vorher unterschrieben?" Paul Hans antwortet: „Sie waren der Erste, der ihn mir klar erklärt hat."

Gesprächspsychotherapie

Psychotherapeutisches Verfahren, das auf Carl Rogers zurückgeht. Sehr viel Wert wird dabei auf einfühlsame Kommunikation gelegt, wobei die Gefühle des Klienten widergespiegelt werden.

Folgende Geschichte zeigt, welches intensive Einschwingen möglich ist, wenn dieses Prinzip des Widerspiegelns konsequent durchgehalten wird.

☞ Klient: Ich fühle mich einfach nur tieftraurig.
Therapeut: Sie fühlen sich einfach nur tieftraurig.
Klient: Das ganze Leben hat keinen Sinn, und alles ist wie ein schwarzes Loch.
Therapeut: Das Leben hat überhaupt keinen Sinn, und alles ist schwarz.
Klient: Es ist wie ein Sog. Ich kann mich eigentlich nur noch umbringen.
Therapeut: Das ist wie ein Sog. Eigentlich können Sie sich nur noch umbringen.
Klient: (Steht schweigend auf und geht langsam zum Fenster, öffnet es und springt raus.)
Therapeut: Platsch.

Jedoch auch in folgendem Beispiel wird der intensive Kontakt deutlich, der durch dieses wechselseitige Einschwingen auf die Denkwelt des anderen entstehen kann.

☞ Zwei Freunde treffen sich zufällig nach langer Zeit auf der Straße. Sie beginnen, sich darüber auszutauschen, was die letzten Jahre in ihrem Leben alles geschah, und dabei entwickelt sich folgender Dialog:

☞ Freund 1: Ja, und vor zehn Monaten habe ich geheiratet, aber leider starb meine Frau von vier Wochen.
Freund 2: Welche Tragödie! Was hat sie denn gehabt?
Freund 1: Ein kleines Einzelhandelsgeschäft und ein paar tausend Mark Festgeldanlagen.
Freund 2: Nein, das meine ich nicht. Was hat ihr denn gefehlt?
Freund 1: Na gut. Ein Bauplatz und das Geld, das Geschäft vernünftig auszubauen.
Freund 2: Das meine ich doch nicht. An was ist sie denn gestorben?
Freund 1: Ach so. Sie wollte in den Keller, um fürs Mittagessen Kartoffeln und Sauerkraut hochzuholen. Dabei ist sie auf der Treppe gestürzt und hat sich das Genick gebrochen.
Freund 2: Um Himmels willen! Was habt ihr denn da gemacht?
Freund 1: Nudeln.

Rigide Glaubenssysteme und Weltbilder

Rigide Glaubenssysteme und Weltbilder von Patienten und Klienten machen den Psychotherapeuten oft zu schaffen. Leider lassen sich die Klienten ihre liebgewonnenen Vorstellungen nicht so einfach ausreden, und Erickson war der Meinung, man sollte diese Glaubenssysteme besser nicht direkt angehen.

Die folgenden Geschichten beleuchten die Problematik.

☞ Ein Patient ist überzeugt, dass er bereits tot sei. Alle Überzeugungsversuche des Arztes schlugen fehl. Dabei hatte er auf die Körpertemperatur, auf die Atemfunktionen und vieles andere hingewiesen. Schließlich sagt er zum Patienten: „Sagen Sie mal, bluten Leichen eigentlich?“ Der Patient sagt: „Natürlich nicht.“ Der Arzt nimmt eine bereits vorbereitete Nadel und sticht den Patienten in die Hand. Es beginnt zu bluten. Der Arzt: „Was sagen Sie jetzt?“ Der Patient antwortet: „Ich habe mich getäuscht. Leichen bluten doch.“

Aber nicht nur im klinischen Bereich spielen rigide Weltbilder eine Rolle. Die folgende Situation ereignet sich in den Südstaaten der USA zu einem Zeitpunkt, als die Achtung der Rechte der schwarzen Bevölkerung noch in weiter Ferne war.

☞ Der Sheriff ist auf Streife und findet im Straßengraben die Leiche eines Schwarzen mit 24 Einschusslöchern. Er murmelt in Richtung Hilfssheriff: „Einen so schrecklichen Selbstmord habe ich auch noch nie gesehen."

Positive und negative Halluzination

Von positiver Halluzination spricht man, wenn jemand etwas halluziniert, das eigentlich nicht da ist. Von negativer Halluzination spricht man, wenn jemand etwas ausblendet (weghalluziniert), das eigentlich da ist. Negative Halluzination tritt gewöhnlich dann auf, wenn die Aufmerksamkeit stark fokussiert auf einen Teil des Erlebens gerichtet ist und andere Aspekte des Geschehens ausgeblendet werden.

Gutes Vorstellungsvermögen ist eine gute Voraussetzung, halluzinieren zu können, und diese Fähigkeit kann vielfältig eingesetzt werden. Der Mann in der folgenden Geschichte hat seine hoch entwickelten halluzinatorischen Fähigkeiten benutzt, um schneller eifersüchtig zu werden. Seine Frau sagte: „Du bist eifersüchtig wie immer", und er antwortete: „Welcher Immer?"

Negative Halluzination hat vermutlich bei der folgenden Gegebenheit eine Rolle gespielt.

☞ Im Kino stinkt es. Einige Besucher der letzten Reihen beschweren sich. Der Platzanweiser läuft die

Reihen entlang und sucht nach der Ursache. Ab der 12. Reihe verdichtet sich die Sache und wird von Meter zu Meter intensiver. In Reihe drei sitzt ganz alleine ein Mann, und bei ihm stinkt es geradezu unterträglich. „Entschuldigen Sie, haben sie vielleicht in die Hose gemacht?“, sagt der um Fassung ringende Platzanweiser. Der Mann wendet sich zu ihm und sagt: „Ja. Warum?“

Ein klares Beispiel von hoher fokussierter Konzentration und damit verbundener negativer Halluzination entnahm ich einem Polizeiprotokoll. Der Wachtmeister sollte dabei dem Verdacht auf Versicherungsbetrug nachgehen.

☞ Wachtmeister: „Wie erklären Sie sich, dass die Einbrecher praktisch die ganze Wohnung ausräumen konnten, obwohl Sie die ganze Zeit in der Wohnung waren?“

Bestohlener: „Das lag daran, dass diese Gauner den Fernseher haben stehen lassen ...“

Ein weiteres Beispiel soll dem werten Leser die Relevanz halluzinatorischer Phänomene auch im Familienleben nahe bringen.

☞ Die Frau: „Wenn du nicht sofort aufhörst, Saxophon zu spielen, werde ich noch wahnsinnig!“

Der Mann: „Du bist es bereits. Ich habe schon vor einer Stunde aufgehört."

Ob es sich in folgender Geschichte jedoch um Phänomene positiver oder negativer Halluzination handelt, ist seit Jahren Streitpunkt der Hypnosefachleute.

Am Trafalgar Square steht ein vornehmer englischer Geschäftsmann. Mit Nadelstreifenanzug, Melone und vor sich die aufgeschlagene *Times* steht er gelassenen inmitten der Rushhour. Ein Bobby nähert sich ihm und räuspert sich. Der Geschäftsmann ist so sehr in die *Times* vertieft, dass er die Versuche des Bobbys, seine Aufmerksamkeit zu gewinnen, nicht bemerkt. Der Bobby wird direkter und berührt ihn leicht am Arm: „Entschuldigen Sie, Sir, ihre Hose steht offen, und ihr Penis schaut heraus." Der Gentleman streckt seine Zeitung gerade wenige Inches mehr von seinem Körper weg, blickt an sich hinunter und sagt mit einem leicht überraschten Ton in der Stimme: „Oh, sie ist gegangen?"[14]

Helferpersönlichkeit

Eine Helferpersönlichkeit hat das „Geben ist seliger als Nehmen" so sehr verinnerlicht, dass sie mit gnadenlosem Egoismus immer nur gibt und anderen nicht die Spur einer Chance lässt, selbst Schritte in Richtung Seligkeit zu unternehmen.

Die folgende Geschichte zeigt, wie jemand – vermutlich eine Psychotherapeutin im Ruhestand – im Alter ein schon etwas distanzierteres und ausgewogeneres Verhältnis zur Hilfsbereitschaft gefunden, diese aber trotz aller vordergründiger Abgeklärtheit doch noch nicht ganz abgelegt hat.

☞ Zwei brutal aussehende Männer legen einen gefesselten und geknebelten Mann auf die Bahngleise. Eine alte Frau schaut interessiert zu und sagt schließlich: „Es geht mich ja eigentlich nichts an. Aber auf der Strecke fährt seit sieben Jahren kein Zug mehr."

Gelernte Hilflosigkeit

„Gelernte Hilflosigkeit" ist eines der Konzepte, mit dem man sich die Entstehung von Depressionen erklärt. Wenn zum Beispiel Menschen oder Tiere Bedingungen ausgesetzt sind, die immer zu negativen Konsequenzen führen, egal was sie auch versuchen (z.B. ein Tier bekommt immer einen Stromschlag, egal wie clever es sich auch anstellt), dann führt dies schließlich zu Resignation und Apathie, wie auch die folgende Geschichte zeigt.

☞ In der Straßenbahn sitzt ein Stotterer und fragt sein Gegenüber: „Kökökökökönnen sssssssie mmmmammmemmmmir ssssagen, wwwawann der Bebebababababahnhohohohf kommt?“ Der Mann gegenüber verzieht nicht die Miene und wirkt apathisch und regunglos. Der Stotterer setzt nochmals an: „Bibibibbitte sssaagggegegn Sie mmmmmmir ddddoch, wwwwawann dddddder Babababahnhof kkkkokommt.“ Wieder keinerlei Reaktion. Eine Frau schräg gegenüber interveniert und sagt: „Ich sage Ihnen, wann der Bahnhof kommt.“ Beim Aussteigen ohrfeigt der Stotterer den wenig hilfsbereiten Fahrgast. Die Frau kommentiert dies: „Das geschieht ihnen gerade recht“. Der Mann antwortet: „Iiiiich hähähäätttte auauaf aaaaaalle Ffffffälle eieieiene auf ddddd Gogogosche gekkkkkriegt.“

Homöostase

Die Übersetzung von Homöostase heißt in etwa „Stillstand auf dem gleichen Niveau“. Den Begriff benutzte man in der Familientherapie, um das pathologische Bestreben von Familien zu kennzeichnen, sich absolut nicht ändern zu wollen, obwohl es von äußeren Erfordernissen her angebracht wäre.

Die folgende Geschichte zeigt dieses Beharrungsvermögen plastisch auf, macht aber auch deutlich, wie man mit einer geschickten Intervention Bewegung in die Sache bringen kann.

☞ Vater, Mutter und 17 Jahre alte Tochter sitzen bei einem festlichen Essen zu Hause. Nach dem Essen beginnt ein Streit, wer abzuräumen und zu spülen habe. Die Mutter sagt, sie habe gekocht, und der Vater betont, wie hart er unter der Woche für die Familie zu arbeiten habe. Die Tochter empört sich, dass es wohl schon wieder auf sie hinauslaufen soll. Es eskaliert, und die Tochter legt sich schließlich demonstrativ trotzig auf den Boden, um definitiv kund zu tun, dass sie auf keinen Fall spülen werde. Die Mutter legt sich kurz danach daneben, damit auch in ihrem Falle ja kein Zweifel aufkommen kann. Schließlich liegt auch der Vater auf dem Fußboden. Sie beschließen, dass derjenige zu spülen habe, der sich als Erster bewegt. Minute um Minute vergeht. (Wir sehen hier Homöostase = Stillstand auf gleichem Niveau sehr schön demonstriert.)

Zur gleichen Zeit auf der nahen Landstraße: Ein Autofahrer hat Probleme mit seinem Auto. Es springt nicht mehr an. Er vermutet, es liegt am Anlasser. Bei der Suche nach einem Hammer nähert er sich dem Anwesen unserer Familie. Er klingelt. Niemand rührt sich.

Er klingelt wiederholt. Jedoch keinerlei Reaktion. Das Haus wirkt bewohnt, und er sieht, dass die Verandatür offen steht. Er ruft – doch niemand antwortet. Da es das einzige Haus weit und breit ist, geht er hinein und versucht, irgendwo einen Hammer zu finden. Er durchsucht das Haus, und niemand rührt sich. Schließlich findet er einen Hammer. Auf dem Weg in Richtung Ausgang fällt sein Blick in das Esszimmer, und er erstarrt. Er sieht die drei unserer Familie flach und regungslos am Boden liegen. Er braucht einige Sekunden, um sich zu fassen. Dann beginnt ihn jedoch die Attraktivität der Tochter des Hauses zu faszinieren. „Verdammt, sieht die gut aus!", denkt er. Er geht kurzerhand hin und schläft mit ihr. Und niemand rührt sich.

Schließlich geht er mit dem Hammer zum Auto und schlägt einige Male energisch auf den Anlasser. Leider ohne Erfolg. Der Anlasser kommt zwar, aber der Motor springt nicht an. Vermutlich sind es die Zündkerzen, denkt er. Er beschließt, noch mal ins Haus zu gehen, um einen Kerzenschlüssel in der gut bestückten Werkstatt des Vaters der Familie zu suchen. Er klingelt anstandshalber wieder und ruft. Doch weiterhin rührt sich niemand. Er kramt wieder im Haus und in der Werkstatt herum. Und niemand rührt sich. Auf dem Weg nach draußen stößt fällt sein Blick auf die regungslose Mutter. „Verdammt", schießt es ihm durch den Kopf „die ist ja noch attraktiver als die Tochter!"

Er zieht sich aus und schläft mit ihr. Zurück an seinem Auto, schraubt der die Kerzen heraus, säubert sie, schraubt die Kerzen wieder ein. Nur – der Motor läuft immer noch nicht. Etwas ratlos schaut er in den Motorraum und sieht plötzlich, wie ein Kabel blank liegt. „Isolierband!“, schießt es durch seinen Kopf. Er geht noch mal in Richtung Haus. Er klingelt wieder kurz, geht aber gleich hinein und sucht nach Isolierband. Auf dem Weg in Richtung Ausgang hört er plötzlich, wie der Vater aufspringt und ruft: „O. k., o. k., ich spüle ja schon.“

Direkte versus indirekte Hypnose

Der Unterschied zwischen direkter und indirekter ericksonscher Hypnose ist erst einmal so groß wie der zwischen Mann und Frau. Frank Farrelly, der Vater der provokativen Therapie, sagte einmal, Männer und Frauen sprächen sehr unterschiedliche Sprachen. Die Verständnisschwierigkeiten seien so ähnlich, wie wenn der Mann Chinesisch und die Frau Suaheli sprechen würde. (Nebenbei bemerkt, gab es einmal jemanden, der behauptete, die Verständnisschwierigkeiten rührten daher, dass „EHE“ die Abkürzung für „Errare humanum est“ sei.)

Jedenfalls, als ich mich damals an meiner Arbeitsstelle in der Uniklinik in Heidelberg als einer von nur zwei Männern mit mehr als zwei Dutzend Frauen „konfrontiert“ sah, versuchte ich schon aus Gründen der Aufrechterhaltung einer gewissen Grundorientierung, möglichst rasch Suaheli zu lernen.

Über Anfangskenntnisse bin ich jedoch wohl nie hinausgekommen. So habe ich nie verstanden, warum einige Frauen bei bestimmten Witzen nie lachten oder sich gar entrüsteten (obwohl ich die Witze so gut wie möglich in Suaheli übersetzte). Noch mehr befremdeten die Berichte, dass, nachdem die Männer aus dem Zimmer waren, die Frauen noch viel bessere Witze zum besten gegeben haben sollen. Aber anscheinend sprach ich nach einiger Zeit doch einigermaßen akzentfrei Suaheli – oder frau hatte sich an meinen Akzent gewöhnt –, sodass in einer kleinen Besprechungsrunde von nur wenigen Frauen und mir sich Folgendes zutrug.

Eine Logopädin – nennen wir sie mal H. – sagte zu mir: „Du machst doch Hypnose – soll ich dir mal einen Hypnosewitz erzählen?“ Ich war zu dem Zeitpunkt noch unbedingt der Meinung, dass sie sollte. (Nebenbei bemerkt, musste Logopädin H. kurze Zeit danach mehrere hundert Kilometer weit nach Norden ziehen – was nicht verwundert, wenn man bedenkt, dass sie im Beisein von Männern solche Witze erzählt.)

Letzte Warnung: Nach Geschlechtern aufteilen, da nach meinen langjährigen aufopferungsvollen Studien (erschienen im *Journal of Unreplicated Results*) über Witze dieser Güteklasse Männer wie Frauen nur befreit lachen können, wenn sie unter sich sind.

Also, Logopädin H. begann:

☞ Ein Mann geht durch einen Park und sieht eine attraktive junge Frau auf einer Bank sitzen. Er geht langsam auf die Bank zu und schaut der Frau tief in die Augen, bewegt die Hände in bestimmter Weise und spricht langsam und rhythmisch: „Und du gehst mit mir, und du weißt es nicht!" (Tut mit leid, aber wir dürfen besagte Handbewegungen nicht beschreiben, sie sind fortgeschrittene nonverbale Hypnotechniken und nicht für jedermann – sonst geht jeder Student oder Lehrer in den Park und missbraucht eventuell diese Techniken; das ist jedoch speziell ausgebildeten Ärzten und Diplompsychologen vorbehalten.) Jedenfalls – die Frau steht auf und geht mit ihm. Vor seinem Haus schaut er ihr wieder in die Augen und sagt: „Und du gehst mit mir, und du weißt es nicht." In seiner Wohnung sagt der Mann: „Und du ziehst dich aus, und du weißt es nicht." Die Frau folgt seinen Anweisungen, und er sagt schließlich: „Und du schläfst mit mir, und du weißt es nicht." Nachdem sie miteinander geschlafen haben, sagt der Mann plötzlich: „Du warst doch in Trance, oder? Das kann doch nicht sein! Du wolltest doch ohnehin mit mir schlafen, oder?" Da schaut ihm die junge Frau tief in die Augen, macht jene typischen Handbewegungen (die wir weiterhin nicht beschreiben dürfen) und sagt in langsamer, rhythmischer Sprechweise: „Und du hast jetzt Tripper, und du weißt es nicht!“ (Meiner privaten Meinung nach kann dieser junge Mann noch sehr froh sein, dass die Geschichte in der Vor-Aids-Zeit spielt – wer weiß, wie das Ganze sonst geendet hätte!)

Aber egal! Ich war geschockt von dieser plumpen, direkten Holzhammertechnik. So sagte ich zur Logopädin H.: „Na ja, das ist die alte, traditionelle Hypnose, direkte Suggestionen, autoritär usw. Ich erzähl dir mal, was moderne ericksonsche Hypnose ist: Da arbeitet man mit indirekten Ansätzen, mit Implikationen, mit Bildern, man stimuliert das Vorstellungsvermögen und respektiert, aktiviert die Bedürfnisse des Gegenübers usw. Ich erzähl dir mal, wie das Ganze mit Ericksonscher Hypnose aussieht.“

☞ Abends in einer Bar sitzt ein Mann und beobachtet, wie ein recht unscheinbarer Mann die Tür hereinkommt und seinen Blick durch das Lokal schweifen lässt. Sein Blick fällt auf eine attraktive junge Frau. Er geht hin, und nach einem kurzen Moment steht die Frau auf, bezahlt eilig und geht mit hinaus. Die nächsten Abende jeweils dasselbe: Der Mann wirft einen kurzen Blick ins Lokal, wählt aus, geht hin und kurze Zeit später verlässt er mit einer Frau das Lokal. Der Beobachter wird von Abend zu Abend unruhiger. Er meint zu sehen, dass der Mann wohl irgendetwas zu der Frau sagt. Genaues kann er nicht wahrnehmen, sodass er sich an der Eingangstür aufstellt und auf den geheimnisvollen Fremden wartet. Sobald dieser das Lokal betritt, spricht er ihn an und sagt: „Ich beobachte Sie seit einigen Tagen. Sie kommen herein, schauen sich um, gehen zu einer Frau, sagen etwas oder tun etwas, und die Frau geht mit Ihnen – wie kommt das?“ Der Mann sagt: „Das ist ganz einfach: Ich streich mir mit meiner Zunge die Augenbrauen glatt und frage: Gehn wir?“

Nachtragen möchte ich noch, dass ich damals sehr zufrieden auf den Moment zurückblickte, als ich mich nach längerer Bedenkzeit in jenem New Yorker Buchgeschäft doch noch zu einer Investition entschloss und *The Playboy Party Jokes – Complete* erwarb. Wer weiß, ob ich sonst in der Lage gewesen wäre, indirekte Verfahren so anschaulich und feinfühlig darzustellen![15]

Hypnotische Sprechrhythmen

Tranceinduktionen können auch auf Verwendung von bestimmten Rhythmen beruhen. Die einen nutzen Trommelrhythmen, andere gleichmäßige Sprechrhythmen.

☞ Helmut Kohl ist auf Staatsbesuch in Ägypten. Er bittet darum, ohne Leibwächter einen Wüstenspaziergang unternehmen zu dürfen. Trotz großer Bedenken kommt man diesem Wunsch des Staatsgasts nach. Helmut Kohl spaziert durch die Wüste und ist von der Landschaft begeistert. Er biegt an einer hohen Düne ab und steht plötzlich vor einem Löwen, der sich sofort zum Sprung duckt. Helmut Kohl besinnt sich auf seine rhetorischen Fähigkeiten und beginnt, langsam zu sprechen. Der Löwe wird immer ruhiger und schläfriger. Er wiegt den Kopf hin und her und her und hin, legt sich auf die Erde, schließt die Augen und versinkt mehr und mehr in tiefen Schlaf. Kohl möchte sich aus dem Wüstenstaub machen. Aber in diesem Moment biegt die Löwin um die Düne. Sie sieht ihren Alten regungslos am Boden liegen, duckt sich und peitscht mit ihrem Schwanz die Erde. Kohl spricht einfach ruhig und routiniert weiter, und siehe, auch die Löwin legt sich nieder und dämmert hinweg. Dasselbe gelingt Kohl auch mit dem Bruder des Löwen. Gerade als er sich endgültig aus dem Staube machen will, kommt der alte Vater des Löwen auf die Bildfläche. Kohl spricht wieder ruhig und getragen. Der Alte läuft jedoch einfach auf Kohl zu und streckt ihn mit einem Prankenhieb nieder.

Zwei kleine Affen sitzen oben in einer Palme, und der eine sagt zum anderen: „Hab ich es dir nicht gleich gesagt: Wenn der alte Taube kommt, hört es da unten mit dem Gelaber auf."

Implikation

Von Implikationen spricht man in Bezug auf Suggestionen dann, wenn etwas gesagt wird, ohne dass es direkt gesagt wird. Wenn jemand fragt: „Schlagen Sie Ihre Frau immer noch?", dann richtet sich die Frage zwar auf das „immer noch", nebenher wird aber implizit gesagt, dass der Befragte die Frau auf jeden Fall früher mal geschlagen hat.[16]

Erickson hat einmal folgende Geschichte erzählt.

☞ Ein Cowboy heiratete. Anschließend ließ er seine Braut zu sich aufs Pferd aufsitzen und ritt mit ihr zu seiner neuen Blockhütte. Nach einiger Zeit stolperte das Pferd, und der Cowboy sagte sanft: „Eins." Sie ritten weiter, und das Pferd stolperte wieder, und er sagte leise: „Zwei." Kurz vor Erreichen der Blockhütte stolperte das Pferd zum dritten Mal. Er hielt an, ließ seine Braut absitzen, stieg ebenfalls ab und erschoss das Pferd. Die Braut herrschte ihn an: „Bist du wahnsinnig geworden, deswegen das Pferd zu erschießen?!" Er sagte sanft: „Eins."

Und seit dieser Zeit dachte die junge Frau immer mal wieder sehnsüchtig an jene Zeit lange vor der Hochzeit zurück, als ihr Mann sie fragte: „Sollen wir wieder die Abkürzung durch den Wald nehmen, oder hast du es heute eilig?"

Aber kehren wir aus dem Wilden Westen zurück in unsere Tage. Wir haben unterdessen eine ganz andere Kultur, speziell im Umgang miteinander. Dies zeigt die folgende Geschichte, die Anfang der 1980er-Jahre entstand, als die FDP unter Genschers Führung die Koalition wechselte und Kohl in Bezug auf die Kanzlerschaft, für viele überraschend, Franz Josef Strauß in die zweite Reihe verwies, da Strauß allenthalben als durchsetzungskräftiger und cleverer eingeschätzt wurde.

☞ Zwei Journalisten unterhalten sich. „Gestern war ich auf der Rennwoche in Iffezheim", sagt der eine. „Na und? War was Besonderes los dort?", fragt der andere. „Ja, Kohl, Genscher und Strauß waren auch dort." „Rede doch keinen Unsinn, das wurde in keiner Meldung erwähnt." Der Erste sagt: „Zugegeben, gesehen habe ich keinen, aber ich habe es geschlossen." „Wieso denn das", will der Kollege wissen. „Nun gut. Plötzlich lief eine Kuh mit beim großen Preis von Baden-Baden. Und da wusste ich, dass Genscher auf der Rennbahn sein muss.". „Aha", sagt der andere, „und was ist mit Kohl?" „Ja, es hat jemand auf die Kuh gesetzt und da wusste ich, dass Kohl auf der Rennbahn ist." „Und was ist mit Strauß". „Ja" sagte der Erste, „die Kuh hat gewonnen und da wusste ich, dass Strauß auf der Rennbahn ist."

Und wenn wir schon beim Thema sind: „Das Wasser ist trüb, die Luft ist rein." Franz-Josef muss ertrunken sein.

Bezogene Individuation

Bezogene Individuation ist ein Konzept von Helm Stierlin. Er geht von den beiden Polen Über- und Unterindividuation aus. Bei Überindividuation besteht zu wenig Kontakt und Beziehung zu anderen, das Individuum ist zu isoliert. Bei Unterindividuation sind dagegen zu wenig Grenzen da, symbiotische Strukturen herrschen vor. Bei bezogener Individuation sind diese beiden Pole miteinander versöhnt: Ein höheres Maß an Individuation, bei dem jeder auf den eigenen Füßen steht, geht mit einer intensiveren Beziehung einher.[17]

Wie das gemeint sein könnte, illustriert vorbildlich jener Bauer im folgenden Dialog.

☞ Bäurin: „Zensi kriagt a Kind."
Bauer: „Jo mei, des isch ihr Sach."
Bäurin: „Sie sagt, es isch von dir."

Bauer: „Des isch mei Sach."
Bäurin: „U was soll i jetzt mache?"
Bauer: „Des isch dei Sach."

Dieses Problem, das Eingebundensein in Beziehungen und Verpflichtungen mit eigenen individuellen Interessen zu versöhnen, ist ein Thema, das sich durch die ganze Menschheitsgeschichte zieht.

Das zeigt sich auch in jener weit zurückliegenden Begebenheit, die aus den Evangelien gestrichen wurde.

Beim letzten Abendmahl kam der Kellner und fragte: „Alles zusammen?" Und Judas sagte: „Nein, bitte getrennt!"

Aber auch jene Bridgerunde verdeutlicht das Thema.

☞ Die Damen sprechen über ihre Herren und ihre Beziehungen. Die eine fragt die andere: „Seid ihr schon mal getrennt in Urlaub gefahren?" Die andere erzählt, dass sie dies vor zwei Jahren gemacht habe. „Und? Hat es dir gefallen?" – „Ja, sehr gut." „Und deinem Mann?" – „Das kann ich dir nicht sagen. Er ist noch nicht zurück."

Bei Familien mit schizophrenen Angehörigen wird vermutet, dass Störungen im Verhältnis von Symbiose und Individuation eine Rolle spielen. Einen erhellenden Einblick in dieses Spannungsfeld ermöglichen manchmal auch Sprüche, die sich überall auf Hauswänden, Bahnhofstoiletten und in U-Bahnen aufgesprüht finden lassen. Ein kleiner Ausschnitt soll den psychotherapeutisch geschulten Leser motivieren, bei der nächsten Reise oder dem nächsten Spaziergang mit offenen Augen solche Orte aufzusuchen. Ich habe natürlich keine Ahnung, ob auf Frauentoiletten sich ebenfalls Gedanken mit solchem Tiefgang finden lassen, aber auf Männertoiletten habe ich relevante Aussagen zu vielerlei Themen gefunden.[18]

Zum Thema bezogene Individuation fand ich folgende Sprüche: „Lieber schizophren als ganz allein." Oder: „Denk nicht dauernd an mich, ich möchte auch mal alleine sein." Interessant sicher auch das kleine Gedicht: „Welch schönes Wort ist Mutterglück, wie komisch klänge Gluttermück."[19]

Die innere Stimme

Einige psychotherapeutische Verfahren betonen die Wichtigkeit, auf die innere Stimme zu hören. „Vertraue dem Unbewussten!", „Vertraue deiner Intuition!" oder wie auch immer diese Aufforderung formuliert sein mag.

Die Möglichkeiten, die im Hören auf die innere Stimme stecken, lässt die folgende Geschichte ahnen.

☞ Ein glückloser Spieler, der schon alle Systeme erfolglos probiert hatte, war wieder einmal beim Roulettespielen. Er jammerte gegenüber einem Mitspieler über seine Pechsträhne. Sein Mitspieler war zufällig ein Pychotherapeut, der bereits seit Jahren im Selbstversuch lernen wollte, sich in das Suchtverhalten seiner Klienten besser einzufühlen.

Dieser Therapeut redete nun auf den glücklosen Spieler ein: „Du musst auf deine innere Stimme hören!“ Dieser konnte sich darunter aber wenig vorstellen. Doch der Gedanke an diesen Vorschlag ließ ihn von Stund an nicht mehr los (siehe auch Kapitel *Suchprozesse*).

Eines Tages war er wieder beim Roulette. Plötzlich hörte er, wie jemand sagte: „Spiel die 32!“ Er blickte sich erstaunt um, aber da war niemand. Er wusste nicht, dass dies seine eigene innere Stimme gewesen war. Aber er setzte einfach einmal auf die 32. Und die 32 gewann. In der nächsten Runde sagte die Stimme: „Alles auf die 3!“

Und tatsächlich, die 3 gewann. Die Stimme sagte: „Jetzt alles auf die 32!“ Der Mann zweifelte, denn die 32 war doch eben schon einmal da. Aber er setzte – und gewann. Die Profispieler versammelten sich allmählich um den Tisch. Und wieder kam die Stimme:

„Jetzt noch einmal alles auf die 12!“ Der Mann schob den großen Stapel auf die 12, und die Kugel rollte. Und tatsächlich: Sie blieb auf der 12 ... aber da – mit einem letzten Dreh rollte sie doch ins Fach daneben. Die Stimme sagte: „Oh, Scheiße!“

Intervention

Intervention ist ein gebräuchlicher Ausdruck für eine psychotherapeutische Maßnahme seitens des Therapeuten. Manchmal wird auch vom therapeutischen Hebel gesprochen, der an der richtigen Stelle anzusetzen sei.

Manchen klingen diese Ausdrücke zu mechanistisch, andere finden Sie zu anmaßend. Und doch kann die Kenntnis dessen, wo, wann und wie man den therapeutischen „Hebel“ richtig anzusetzen hat, von entscheidender Bedeutung für die Lösung von Problemen sein.

Die folgende Geschichte zeigt dies besonders eindrücklich.[20]

☞ Der Sohn der Familie kommt für einen Urlaub nach Hause. Seit vielen Monaten war er zur Ausbildung in der fernen Stadt. Die Familie ist begierig zu hören, wie es ihm auf der Lehrstelle gefällt. Man hat sich schon sehr gesorgt, dass die Lehrstelle in einem Begräbnisinstitut vielleicht doch nicht das Richtige für ihn sei. Die Erleichterung ist bei den Eltern außerordentlich groß, als der Sohn mit leuchtenden Augen von seinem Lehrherrn und seiner Ausbildung zu sprechen beginnt. Er erklärt, dass dieser Beruf von großer Bedeutung sei und es eine Vielzahl von Dingen zu lernen gebe. Der Lehrherr sei ein wahrer Meister im Umgang mit delikaten Situationen, die bei der Bestattung von Toten immer wieder auftreten.

Die Familie wird neugierig, und der Sohn berichtet ein Beispiel:

„Gerade kürzlich gab es einen ganz besonderen Fall, bei dem das Ansehen und der Name zweier bedeutender Familien und das Ansehen eines renommierten Hotels auf dem Spiel standen. Ein Sohn und eine Tochter aus besagten Familien hatten sich unsterblich ineinander verliebt. Die Familien hatten jedoch eine Heirat strikt untersagt, weil seit Generationen Feindschaft zwischen ihnen herrschte. Die beiden gingen schließlich zusammen in das berühmte Hotel, nahmen sich ein teueres Zimmer und begingen gemeinsam Selbstmord. Sie lagen nun beide tot im Zimmer, und die Aufgabe war, die Leichen diskret den beiden Familien zu übergeben, ohne dass der Selbstmord und die ganze Geschichte ruchbar und ohne dass der Ruf des Hotels in Mitleidenschaft gezogen wird. Nun, mein Lehrherr zog sich seinen besten schwarzen Frack an, streifte die weißen Handschuhe über, setzte sich seinen teuren Homburg auf den Kopf und nahm den lackschwarzen Spazierstock mit dem Elfenbeinknauf. Dann forderte er mich auf, ihn zu begleiten. Ich war über dieses Vertrauen außerordentlich erfreut.

Wir gingen in dieses Hotel, fuhren mit dem Aufzug nach oben und gingen zu dem Zimmer, dessen Nummer man uns genannt hatte. Wir betraten mit angemessener Scheu leise das Zimmer. Aber wie soll man diese Situation beschreiben? Da lagen diese beiden fast völlig nackten, wunderschönen Menschen im Bett. Sie waren eng umschlungen. Die Lippen der beiden waren leicht geöffnet, als wenn sie noch etwas sagen wollten. Es war ein Bild, das selbst meinen erfahrenen Chef beinahe zu Tränen rührte. Da war nur ein Problem."

Die versammelte Familie hing ihm an den Lippen und rief beinahe wie aus einem Munde: „Was für ein Problem?"

„Ja nun", fuhr vor der Sohn fort, „sie waren so eng umschlungen, so eng zusammen, dass ich persönlich keinen Weg sah, außer Gewalt anzuwenden. Sie gemeinsam wegzutransportieren erschien ebenfalls als sehr schwierig. Ich sah, wie es im Kopf meines Chefs arbeitete [siehe Kapitel *Suchprozesse*], und plötzlich ging ein Leuchten über sein Gesicht. Mit seiner Erfahrung und seiner Genialität schien er wie immer eine Lösung gefunden zu haben.

Er nahm seinen Spazierstock in die Hand und wiegte ihn wie prüfend einen Moment in seinen Händen. Dann setzte er ihn unglaublich sicher und sanft im richtigen Winkel zwischen den Körpern an, und mit einer plötzlichen Bewegung fielen die beiden Körper mit einem etwas merkwürdigen Geräusch auseinander."

Der Sohn holte Luft und machte eine kleine Pause.

Der Vater fragte erregt: „Und das löste dann das Problem. Nicht wahr?"

„Nun", sagte der Sohn, „nicht ganz. Wie sich herausstellte, waren wir im falschen Zimmer."

Intuition und Beobachtung

Altmeister der Psycho- oder Sprachtherapie wie Milton Erickson oder Charles Van Riper hatten legendäre intuitive Fähigkeiten. Manche haben dies dem Bereich der außersinnlichen Wahrnehmung zugeordnet. Erickson hat eine solche Sicht immer abgelehnt und darauf verwiesen, dass dies hoch trainierte natürliche Beobachtungs- und Wahrnehmungsfähigkeiten seien. Sowohl Erickson wie Van Riper konnten mit diesen Fähigkeiten interessanterweise auch Wahrsager täuschen.[21]

Dieses subtile Wechselspiel – ja geradezu Spannungsverhältnis – zwischen feiner Beobachtungsfähigkeit und Intuition behandelt auf bemerkenswerte Weise die folgende Geschichte.

☞ Auf einem Empfang treffen sich zwei Männer nach längerer Zeit wieder. Nach kurzem Gespräch sagt der eine zum anderen: „Wie man bei einem so festlichen Anlass eine so geschmacklose rote Unterhose tragen kann, ist mir unklärlich." Der andere reagiert sichtlich geschockt: „Woher weißt du denn das?" –„Erstens", lautet die Antwort, „erstens, Intuition! Und zweitens: Du hast vergessen, deine Anzughose anzuziehen."

☞ Bekanntermaßen war auch Sherlock Holmes ein Meister in Beobachtungsvermögen und Intuition. Eines Tages stieg Conan Doyle, der Schöpfer von Sherlock Holmes, in Paris aus dem Zug aus und nahm sich ein Taxi. Der Taxifahrer sagte: „Wohin, Mr. Doyle?" Conan Doyle schaute sehr überrascht: „Sie kennen mich?" Der Taxifahrer erwiderte: „Nicht wirklich. Ich kenne Ihre Bücher, aber ich habe noch nie ein Bild von Ihnen gesehen." – „Aber woher kennen Sie mich dann? Woher wissen Sie, wer ich bin?"

„Nun, ich las in der Zeitung, dass Sie in Südfrankreich Urlaub machen. Und dann bemerkte ich, dass Sie vom Bahnsteig des Zuges aus Richtung Marseille kommen. Sie haben die Bräune von etwa zehn Tagen Urlaub. Weiterhin haben Sie einen Tintenfleck am Finger, und das spricht dafür, dass Sie Schriftsteller sind. Sie haben die Kleidung eines Engländers. Das alles zusammen schien mir klar zu legen: Sie sind

Conan Doyle, der Vater von Sherlock Holmes." Conan Doyle ist begeistert und sagt: „Aber Sie sind ja selbst ein Sherlock Homes! Wie Sie all die kleinen Beobachtungen zusammengenommen und kombiniert haben ..." Der Fahrer unterbricht: „Da ist noch eine Kleinigkeit, die wichtig war: An Ihrem Koffer ist ein Namensschild."[22]

Kognitionen und Selbstverbalisationen

Kognitive Therapeuten und Hypnotherapeuten achten auf innere Dialoge und beziehen das, was Klienten zu sich selbst sagen oder sich selbst suggerieren (z. B.: „Das schaffe ich doch wieder nicht!"), in die therapeutischen Prozesse mit ein.

Auch Angehörige anderer Berufsgruppen lernen zunehmend von Strategien, die der psychotherapeutische Berufsstand entwickelt hat. Der Richter in folgender Geschichte hat sich interdisziplinär auch in Psychologie fortgebildet. Er versucht, über das Einbeziehen der Kognitionen eines Zeugen ein besseres Verständnis für den Ablauf und die Hintergründe eines Banküberfalles zu bekommen.

☞ Der Richter befragt den Zeugen: „Sie sagen also, dass Sie genau gesehen haben, wie der Angeklagte mit gezückter Pistole in die Bank gestürmt ist?" Der Zeuge bejaht dies. Der Richter fährt fort: „Wo standen Sie eigentlich zu dem Zeitpunkt?" Der Zeuge erwidert, dass er auf dem Gehweg gegenüber, etwa 30 Meter vom Bankeingang entfernt, gewesen sei. Der Richter fragt weiter: „Und Sie sind nicht auf die Idee gekommen, die Polizei zu verständigen? Was haben Sie sich dabei eigentlich gedacht?" Der Zeuge sagt: „Also so ganz genau weiß ich es nicht mehr, aber ich glaube: Ejeijeijeijei ...!"

Kollusionskonzept

Kollusion (Zusammenspiel) ist ein Konzept, das vom Züricher Familientherapeuten Jörg Willi bekanntgemacht und fortentwickelt wurde.[23] Er spricht dabei das komplementäre Zusammenspiel an, das in Paarbeziehungen oft zu beobachten ist. Der eine ist der Star, der die Bewunderung braucht, und die andere ist der Komplementärstar, der jemanden braucht, die er/sie bewundern kann. Oder einer ist Alkoholiker, und die Partnerin hat damit jemanden gefunden, den sie vom Alkohol retten kann.

Willi hat mehrere Typen von Kollusionen gefunden und definiert.

Leider ist es mir nicht gelungen, das folgende Paar in sein System einzuordnen. Vielleicht gelingt es Willi, sein System noch zu erweitern, sodass wir die folgende Begegnung im Morgengrauen auf den koevolutionären Beziehungsalltag jenes Paares hochrechnen und auch etwaige therapeutische Implikationen besser abschätzen können.

☞ Die Badezimmertür öffnet sich, und ein Mann tritt ein, dessen Gesicht noch deutlich die Spuren einer durchzechten Nacht trägt. Er schaut in den Spiegel und sagt: „Ich kenne dich zwar nicht, aber ich rasiere dich trotzdem."

Etwas später benutzt die Frau das Bad. Sie schaut ebenfalls in den Spiegel und sagt: „Dieses Ekel gönne ich ihm."

Direkte versus indirekte Kommunikation[24]

Eines der aktuellen Themen der hypnotherapeutischen Szene ist die Auseinandersetzung darüber, ob direkte oder indirekte Suggestionen[25] therapeutisch vorteilhafter sind. Welch immense existenzielle Bedeutung Kenntnisse auf diesem Gebiet haben können, zeigt die folgende Bewerbungssituation:

☞ Der Medizinprofessor der Uniklinik hat keine Ohren. Keiner weiß so genau, wie er seine Ohren verlor.

Alle sehen feinfühlig darüber hinweg. Und doch, es fällt schon auf, dass der Professor keine Ohren mehr hat.

Eines Tages ist Vorstellungsgespräch, der Professor sucht einen neuen Assistenzarzt. Der Erste betritt das Zimmer, und der Professor fragt sofort: „Na – was fällt Ihnen denn auf?" Der junge Arzt denkt: „Oh je, wenn ich jetzt direkt sage: ‚Sie haben keine Ohren', dann bin ich den Job vielleicht schon los." Also redet er darum herum, indem er den schönen Schreibtisch erwähnt, die neuesten Fachbücher, die er dort erkennt, den Picasso an der Wand etc. Der Professor unterbricht ihn schließlich: „Mann, Sie wollen Arzt sein! Ihnen fehlt ja jede Beobachtungsgabe! Jedes Kind sieht doch, dass ich keine Ohren habe. Wenn ich mir vorstelle, Sie untersuchen einen Patienten hier in der Klinik und sollen eine Diagnose stellen, und Sie übersehen bei einem Patienten etwas so Offensichtliches! Nein, so einen Arzt kann ich in meinem Team nicht gebrauchen." Der junge Arzt verlässt den Raum und verständigt die beiden Wartenden draußen noch fairerweise über den Verlauf des Gesprächs: „Der Professor hat keine Ohren, und wenn man das nicht sieht, dann ist man den Job schon los."

Der zweite Kandidat betritt den Raum und bekommt ebenfalls die Frage gestellt: „Na, was fällt Ihnen hier auf?" Der junge Arzt sagt: „Sie haben keine Ohren." Der Professor explodiert: „Mann, wie wollen Sie eigentlich Arzt sein? Überhaupt keine Sensibilität für die Situation, überhaupt kein Feingefühl! Sie können doch nicht so mit der Tür ins Haus fallen. Wenn ich mir vorstelle, Sie stellen bei einem Patienten die Diagnose und knallen sie ihm derartig vor den Latz! Nein, so einen Arzt kann ich in meinem Team nicht gebrauchen."

Der Zweite berichtet im Vorbeigehen dem Dritten, wie es bei ihm lief. Dieser betritt den Raum, und wieder die Frage: „Na, was fällt Ihnen hier denn auf?" Der dritte junge Arzt antwortet: „Sie tragen Kontaktlinsen." Der Professor: „Unglaublich, diese Beobachtungsgabe und diese Reaktionsschnelle! Ich habe noch nie einen jungen Arzt so schnell und sicher reagieren sehen. Wie haben Sie das so schnell beobachtet?" Der dritte Kandidat antwortet: „Ehrlich gesagt: Gesehen habe ich es nicht. Ich habe ich es erschlossen. Ich dachte, eine Brille würde bei Ihnen herunterfallen."

Die folgende Episode zeigt ebenfalls die Kraft und die Möglichkeiten auf, die in indirekten Suggestionen stecken können:

☞ Ein Arzt betrachtet im Beisein des Patienten aufmerksam die Röntgenaufnahmen. Dabei telefoniert er mit seiner Frau und sagt: „Liebling, stell dir vor, ich weiß, wo demnächst eine Wohnung frei wird!"[26]

Konditionierung[27]

Von Karl Ludwig Holtz

Konditionierung, ein in der klassischen Verhaltenstherapie oft verwendeter Begriff, bedeutet, dass durch beabsichtigte oder unbeabsichtigte Lernprozesse Bedingungen entstehen (z. B. neue Reiz-Reaktions-Verbindungen oder Reaktions-Erwartungs-Verbindungen), die vorher (z. B. als Reflexe) nicht bestanden haben. Vor allen deren Überprüfung mit Tieren und unter Laborbedingungen hat nicht nur zur Diskussion der Übertragbarkeit solcher Befunde, sondern auch zu manchen Witzen geführt. Bereits in den 1960er-Jahren wurde das „Harvard Law of General Behavior" publiziert: „Unter höchst kontrollierten Bedingungen tun Versuchstiere das, was sie gerade wollen." Die Emanzipation der Versuchstiere spiegelt auch das Gespräch zweier Ratten in Skinners Labor wider:

☞ „Fantastisch, diese Lernprinzipien. Immer wenn ich einen Hebel drücke, muss uns der Weißkittel Futter geben."

Die ethischen und spezifisch menschlichen Probleme, die sich bei einer Übertragung tierischer Reaktionsweisen auf höher entwickelte Organismen zeigen, verdeutlicht – wenn auch auf etwas anderer Ebene – die folgende Geschichte:

☞ Eine amerikanische Großwildjägergruppe befindet sich auf den Spuren Hemingways im tiefsten Afrika. Eine Löwin, von einem dieser Jäger in die Enge getrieben, weiß sich nicht anders zu helfen, als ihm den wichtigsten Gegenstand seiner Männlichkeit abzubeißen. Gott sei Dank ist ein Chirurg Mitglied der Safari, und um zu retten, was noch zu retten ist, näht er dem Verunglückten den Rüssel eines gerade erlegten Elefanten an. Wider Erwarten gelingt diese Operation. Nach Jahren trifft der Chirurg den Operierten wieder und fragt ihn nach seinem diesbezüglichen Wohlergehen. „Oh“, antwortet dieser, „mir geht es sehr gut, keinerlei Komplikationen, nur auf Partys muss ich mich möglichst weit von den Schalen mit Erdnüssen fern halten.“

Die Konfusionstechnik[28]

Erickson betrachtete die Konfusionstechnik[29] als einen seiner wichtigsten Beiträge zur Technik der Hypnotherapie. Hierbei wird das bewusste Denken mit einer Fülle von auch unlogischen oder auch widersprüchlichen Botschaften „überladen“ oder überfordert, weswegen man manchmal auch von der Overload-Technique spricht, und diese setzt Trance- und Suchprozesse in Gang. Als Erickson einmal um eine Straßenecke ging, prallte ein Mann auf ihn. Bevor der Mann etwas sagen konnte, sah Erickson auf die Uhr und sagte: „Es ist genau 10 vor 2 Uhr." In Wirklichkeit war es jedoch 4 Uhr. Als sich Erickson, der unterdessen ein gutes Stück weitergelaufen war, umsah, stand der Mann immer noch regungslos an derselben Stelle.

Nun – es gab auch mal jemanden, der sagte: „Vor jeder Erleuchtung kommt etwas Konfusion", und Jay Haley hielt auf der *Evolution of Psychotherapy Conference* 1990 einen Vortrag über Parallelen zwischen Zen und strategischer Therapie.[30]

Das klassische Beispiel hierfür kommt aus meiner Heimat:

☞ Ein Mann sitzt im Kaffeehaus und bestellt eine Schwarzwälder Kirschtorte. Er ruft die Bedienung, da die Torte nicht frisch genug ist. Die Bedienung entschuldigt sich und bringt stattdessen eine Käsesahnetorte. Der Mann isst, steht auf und geht. Die Bedienung läuft ihm hinterher und sagt: „Sie müssen noch Ihre Käsetorte bezahlen!" Der Mann: „Ja, wieso denn? Dafür habe ich doch die Schwarzwälder zurückgegeben." Die Bedienung: „Ja, die haben Sie aber auch nicht bezahlt." Der Mann: „Ja, wieso denn? Die habe ich doch auch nicht gegessen."

Es wird behauptet: „Als er sich nach einiger Zeit umsah, stand die Bedienung immer noch regungslos an derselben Stelle."

☞ Ähnlich auch jener abstrakte Maler, der eines seiner Werke erklärt. „Kühe auf der Weide“ heißt besagtes Bild. Der Betrachter meint: „Ich sehe gar kein Gras.“ Der Maler: „Das haben die Kühe bereits gefressen.“ Der Betrachter: „Ich sehe auch keine Kühe.“ Der Maler: „Können Sie mir mal was erklären? Was sollen denn Kühe auf der Weide, wo das Gras bereits abgefressen ist?“

Das ist einfaches Auslösen von Suchprozessen und Nutzen von milder Konfusion. Einem anderen Maler wurde ein „wirklich“ surrealistisches Bild in Auftrag gegeben. Ein „wirklich“ surrealistisches Bild, ein schwieriger Auftrag, dachte der Maler. Der Kunde war bei der Enthüllung verwirrt und enttäuscht. Das Bild zeigte eine detailreiche Wiese mit einem Weg, der in einen Wald führt. Das Ganze war so konkret gezeichnet, dass man wie auf einer Fotografie jeden Grashalm erkennen konnte. „Das ist doch kein surrealistisches Bild!“, meinte der Auftraggeber. „So, meinen Sie?“, sagte der Maler. Er betrat den Weg, ging den Weg in Richtung Wald, wurde kleiner und kleiner und verschwand schließlich im Wald.[31]

☞ Oder wie wird sich wohl jener Porschefahrer gefühlt haben, der frühmorgens an der Ampel anhält? Neben ihm steht ein Jogger, der ihn herausfordernd anschaut. Der Porschefahrer spielt mit dem Gaspedal.

Der Jogger trippelt herausfordernd. Die Ampel wird gelb und grün. Beide rasen los. Der Jogger verschwindet, klar in Führung liegend, am Horizont, doch plötzlich ein Rauchpilz mitten auf der Straße. Der Porsche kann gerade noch vor einem rauchenden Krater bremsen. Im Krater sitzt etwas verstört der Jogger. Der Autofahrer: „Ist Ihnen was passiert?“ Der Jogger: „Sie haben gut reden. Ist Ihnen schon mal bei Tempo 200 ein Turnschuh geplatzt?“

Aber „wirklich surrealistisch hypnotisiert“: Zwei Kühe sitzen im Keller und hacken Heizöl. „Morgen ist Pfingsten“, sagt die eine. Die andere antwortet: „Ich weiß, aber ich gehe nicht hin.“

Und nun noch etwas zum praktischen Nutzen der Konfusionstechnik im Alltag:

☞ Ein Mann sieht unterwegs eine attraktive Frau und sagt: „Entschuldigen Sie, haben wir uns nicht letztes Jahr in New York getroffen?“ Sie: „Tut mir Leid, ich war noch nie in New York.“ Er: „Ich war auch noch nie in New York, dann muss es sich dort um ein ganz anderes Paar handeln.“

Wie man richtig auf Konfusion reagiert, demonstrierte vor einigen Jahren unnachahmlich Petrus, als er mit Gott Golf spielte. Gott verzieht seinen Abschlag, der Ball rollt in Richtung Sandbunker. Da kommt eine Maus und packt den Golfball, dann kommt ein Katze und packt die Maus, dann kommt ein Adler und packt die Katze und schwingt sich in die Luft, dann kommt ein Blitz und schlägt in den Adler mit der Katze mit der Maus mit dem Golfball, und der Golfball fällt genau ins Loch. Sagt Petrus zu Gott: „Was ist jetzt? Spielen wir Golf, oder blödeln wir?“

Konstruktivismus

Philosophie, die besagt, dass es keine Realität per se gibt, sondern nur verschiedene Sichten der „Realität“.

☞ Ein Neurologe, ein Orthopäde und ein Psychiater gehen spazieren. Gegenüber läuft ein Mann, der einen speziellen, merkwürdig wirkenden Gang hat.

Der Neurologe sagt: „Das ist ein klarer Fall von Zerebrallähmung. Schaut mal auf den typischen Scherengang!“

Der Orthopäde wendet sich dagegen: „Das ist eine glatte Fehldiagnose. Der Mann hat ein Marie-Strumpfel-Syndrom.“

Der Psychiater ist mit beiden Diagnosen nicht einverstanden: „Das ist doch wieder typisch Organmediziner. Kaum sehen sie ein körperliches Problem, hat es auch körperliche Ursachen. Das Ganze ist hysterischer Natur."

Sie können sich nicht einigen und wetten schließlich einen hohen Betrag. Sie wenden sich – wenn auch mit Bedenken – an den Mann mit dem merkwürdigen Gang, der unterdessen auf der gegenüberliegenden Straßenseite stehen bleibt und sich suchend umschaut. Der Befragte hat jedoch kein Problem mit der Frage, sondern sagt: „Schön, dass ihr mich ansprecht. Ich bin nämlich selbst Arzt, und ich kann euch die wirkliche Diagnose geben. Ich sage euch nur: Wenn ich nicht sehr schnell eine Toilette finde ..."[32]

Kontakt durch nonverbales Pacing

Pacing kommt vom englischen *to pace* und bedeutet „im gleichen Schritt gehen". Der Begriff wurde von J. Grinder und R. Bandler geprägt. Sie empfehlen als Pacing-Strategie unter anderem das Einnehmen derselben Körperhaltung oder das Atmen im selben Rhythmus. Dieses Vorgehen resultiert in einem besseren Kontakt zu dem Klienten. Unbekannt war bisher, dass auch im Paradies diese Strategien angewandt werden und wie es auch dort zu Begegnungen und zu intensivem Kontakt kommt.

☞ Jesus macht Kontrollgang im Paradies. Alle amüsieren sich vorbildlich, und nur ein älterer Mann sitzt gebeugt und anscheinend depressiv in einer Ecke. Jesus will ihn erst ansprechen, hält sich dann jedoch zurück, da er denkt, das ist vielleicht die spezielle Art des Alten, das Paradies zu genießen. Als der Alte jedoch nach einer Woche immer noch so dasitzt, setzt sich Jesus daneben und atmet im selben Rhythmus. Schließlich spricht er den alten Mann an: „Du bist im Paradies. Du kannst essen und trinken, Musikinstrumente spielen, dich amüsieren, was immer dein Herz begehrt …" Der alte Mann sagt nach einer Pause: „Weißt du, ich war auf Erden Zimmermann, und ich habe mir so sehr gewünscht, im Himmel meinen Sohn wieder zu treffen." Jesus schießen die Tränen in die Augen, er schließt den alten Mann in die Arme und schluchtzt: „Papa!" Dem alten Mann schießen ebenfalls die Tränen in die Augen, und er sagt: „Pinocchio!"

Kontrollverlust – kontrolliertes Trinken

Eines der kontroversen Themen der Suchttherapie ist, ob Alkoholiker zu einem kontrollierten Trinken fähig sind oder nur – wie beim Computer: eins oder null – entweder trocken sind oder trinken.[33]

Kontrollierter Alkoholgenuss wird auf feine Art in folgender Geschichte demonstriert.

☞ Drei Freunde ziehen von Kneipe zu Kneipe und trinken dabei kräftig. Am Ende bleiben sie in einer Bar hängen und gießen nochmals kräftig nach. Schließlich kippt der eine wie in Zeitlupe vom Barhocker und bleibt regungslos auf dem Boden liegen. Einer der beiden auf dem Hocker sagt zum anderen: „Eines muss man dem Karle lassen. Der weiß, wann er aufhören muss."

Aber auch die folgende Geschichte aus einem anderen Restaurant passt zu diesem Thema.

☞ Ein Mann betritt das Lokal und bestellt drei Bier. Die Bedienung fragt, ob denn noch zwei weitere Gäste zu erwarten seien. Der Mann verneint und sagt, dass ein Bier für ihn selbst sei, ein Bier für den Bruder in Frankreich und ein Bier für den Bruder in Amerika.

Er bestellt noch einige Male jeweils drei Bier, und so geht das auch immer die nächsten Wochen. Eines Tages bestellt er nur zwei Bier. Die Bedienung fragt besorgt, ob etwas mit einem seiner Brüder passiert sei. Der Mann verneint dies und sagt: „Ich habe aufgehört zu trinken."[34]

Inwieweit Alkohol beim Kontrollverlust im Spiele war, ist in folgendem Unfallbericht nicht überliefert.

☞ „... dann durchfuhr ich mit hohem Tempo die Kurve, geriet über die Fahrbahn hinaus, durchbrach einen Gartenzaun, überschlug mich dreimal, und dann verlor ich die Gewalt über meinen Wagen."

Kurz- versus Langzeittherapien

Eine kontroverse Frage in der Psychotherapiediskussion ist die bezüglich der Länge der Therapien. Die folgende Geschichte wirft ein erhellendes Licht auf diese Diskussion.[35]

☞ Ein Mann geht zum Psychoanalytiker: „Ich glaube, ich bin verrückt. Jede Nacht sehe und höre ich, wie wilde Tiere – Löwen, Tiger, Elefanten – unter meinem Bett Paraden abhalten."

Der Analytiker: „Legen Sie sich dort auf die Couch, und erzählen Sie mir mehr darüber."

Der Patient: „Moment mal. Was kostet das, und wie lange dauert so eine Behandlung?"

Der Analytiker: „Eine Stunde kostet 100 Euro. Die Behandlung dauert erst einmal 80 Stunden. Eventuell verlängern wir um noch einmal 80 Stunden."

Der Patient: „So verrückt bin ich nicht."

Nach einigen Wochen treffen sich der Psychoanalytiker und der Patient zufällig auf dem Wochenmarkt. Der Analytiker erkundigt sich nach dem Befinden.

Patient: „Hervorragend. Mein Schwager kurierte mich in weniger als einer Stunde."

Analytiker: „Oh, Ihr Schwager ist auch Psychotherapeut?“

Patient: „Nein, Schreiner. Er sägte einfach die Beine an meinem Bett ab.“

Loyalität

Loyalität ist ein Kernkonzept der von Ivan Boszormenyi-Nagy entwickelten kontextuellen Familientherapie. Unter Loyalität lässt sich verstehen, wie in einer Familie bestimmte Einstellungen und Verhaltensmuster von einer Generation zur anderen weitergegeben werden. Loyalität erklärt also, wie seit Generationen immer wieder das älteste Kind die Gastwirtschaft übernimmt.[36]

Die folgende Geschichte weist auf diese Mechanismen hin.

☞ Sommerolympiade. Im Leichtathletikstadion ist der Hammerwurf in die entscheidende Phase getreten. Der letzte Durchgang beginnt. Der auf dem vierten Platz liegende Amerikaner geht in den Ring, konzentriert sich und wirft. Ein zunehmender Jubelschrei begleitet den Flug des Hammers: 84 Meter 22. Neuer olympischer Rekord und die Führung im Wettbewerb und wahrscheinlich die Goldmedaille. Die Reporter verfolgen den jubelnden Amerikaner, und der TV-Sender mit den Exklusivrechten im Stadioninnenbereich holt ihn sofort am Rande der Aschenbahn zum Interview. Der Reporter fragt begeistert: „Was hat Ihnen die Kraft und Nervenstärke gegeben, im letzten Durchgang eine so unglaubliche Leistungssteigerung zu bringen?" Der Athlet antwortet: „Wissen Sie, mein Vater war Holzfäller, und schon mein Großvater war Holzfäller. Da hat man von vorneherein viel Kraft in den Armen, und die Arbeit im Walde bringt die entsprechende Ruhe." Der Reporter unterbricht, weil der auf Platz zwei liegende Russe zum Ring schreitet. Dieser konzentriert sich kurz und dreht seine berühmten vier Umdrehungen, und der Hammer fliegt. Ein Aufschrei im Publikum. Der Hammer schlägt zwar nur wenige Zentimeter, aber deutlich sichtbar jenseits der Weltrekordmarke auf. Das Stadion tobt. Der Reporter schnappt sich den russischen Athleten und sagt atemlos: „Das ist unglaublich, das ist die Goldmedaille! Woher nehmen Sie nur diese unglaubliche Kraft und diese Nervenstärke, nach dem olympischen Rekord des Amerikaners noch einmal derartig zu kontern?" Der Russe antwortete: „Das ist ganz einfach. Mein Vater ist Bergarbeiter, und auch mein Großvater war schon Bergarbeiter. Und das bringt von vorneherein die Kraft und Nervenstärke auch in schwierigen Situationen." Im Stadion wird es ruhig, denn der deutsche Athlet geht in den Ring. Es ist der letzte Wurf im Wettbewerb, und bis dahin lag er in Führung. Er konzentriert sich und macht vier unglaublich kraftvolle und doch harmonische Drehungen. Der Hammer fliegt und fliegt, und der Schrei des Publikums steigert sich zum Tosen. 87 Meter 54 – ein fabelhafter Jahrhundertweltrekord. Der Athlet hüpft und springt, und das Stadion gleicht einem Hexenkessel. Der Reporter hat Mühe, den deutschen Athleten von den endlosen Ehrenrunden weg und vor die Kamera zu bekommen. Er stellt auch ihm die Frage: „Sagen Sie einmal: Woher haben Sie diese wahrhaft ungeheuerliche Kraft und Nervenstärke, nach diesen beiden unglaublichen Leistungen des amerikanischen und des russischen Sportlers einen solchen Fabelweltrekord zu werfen und die Goldmedaille zu gewinnen?" Der deutsche Athlet antwortet: „Das ist nicht so schwer. Mein Vater ist arbeitslos, und mein Großvater war schon arbeitslos. Und schon mein Großvater sagte immer zu mir: Junge, wenn dir mal einer einen Hammer in die Hand drückt – dann schmeiß ihn, so weit du nur kannst."

Maßschneidern

Maßschneidern oder englisch *tailoring* ist ein Fachwort aus der ericksonschen Hypnotherapie und bedeutet das Anpassen von therapeutischen Verfahren an die jeweilige individuelle Persönlichkeit des Klienten. Tranceinduktionen, therapeutische Geschichten oder Hausaufgaben werden so gestaltet, dass sie maßgeschneidert zur speziellen Situation passen. Wie dieser Begriff entstand, zeigt die folgende Geschichte:

☞ Ein Mann bestellt bei einem Schneider einen Maßanzug. Der Anzug ist schließlich fertig, und der Kunde probiert den Anzug. Er ist allerdings mit dem Ergebnis alles andere als zufrieden. Er zupft am Ärmel und bedeutet dem Schneider, dass die Ärmellänge überhaupt nicht stimmt. Der Schneider sagt: „Ja, so wie Sie dastehen, ist dies auch kein Wunder. Sie wollen doch auch mal eine Rede halten und werden mal eine ausladende Geste machen wollen, zum Beispiel so." Der Schneider holt dabei weit aus und fordert den Kunden auf, dasselbe zu tun. „Na sehen Sie! Der Ärmel sitzt absolut perfekt", sagt er triumphierend. „Na gut", sagt der Kunde, „aber was ist denn mit den Hosenbeinen, die schlabbern richtig rum. Sehen Sie mal!" Der Schneider: „Na, wenn Sie so dastehen, ist das auch kein Wunder. Winkeln Sie doch mal das rechte Bein etwas an! Noch etwas stärker, so als würden Sie auf einer Stehparty lässig an einer Wand lehnen. Genau! Und schon sitzt die Hose." Der Kunde bezahlt und behält den neuen Anzug gleich an. Er geht aus dem Laden und hält den Arm in jener bedeutenden Pose und das rechte Bein selbst beim Gehen angewinkelt. Zwei Frauen sehen ihn. Die eine flüstert zur anderen: „Schau mal den verkrüppelten Mann da drüben!" Die andere antwortet: „Aber einen erstklassigen Schneider hat er."

Mediating

Neues Verfahren, bei dem Berater zwischen zerstrittenen Partnern vermitteln.

☞ Der herzkranke Vater einer Familie stirbt nach langem Leiden. Er hat es versäumt, sein Erbe klar zu regeln, und vor dem Nachlassgericht streiten sich die Kinder verbittert. Der Richter schlägt mehrfach Vergleiche vor. Aber vergeblich. Schließlich gelingt es dem Gericht, einen Mediator einzuschalten. Die Parteien ziehen sich mit ihren Rechtsanwälten und dem Mediator zurück. Nach längeren Beratungen kommen die beiden Anwälte zurück: „Wir haben einen Teilvergleich. Der Herzschrittmacher des Verstorbenen geht an das Rote Kreuz!"

Meditation

Meditation ist laut einer *Psychologie-Heute*-Überschrift vor einigen Jahren möglicherweise das, was wir früher Dösen genannt haben.

Letztlich wissen wir nur wenig über die Natur veränderter Bewusstseinszustände, und so ging es jener Mutter:

☞ Zwei Mütter unterhalten sich über ihre erwachsenen Söhne. Die eine sagt: „Mein Sohn meditiert neuerdings. Ich weiß zwar nicht, was das ist. Aber es ist auf jeden Fall besser als rumsitzen und nichts tun."

Mehrebenenkommunikation[37]

Die so genannte Mehrebenkommunikation ist ein Charakteristikum ericksonscher Hypnotherapie. Das heißt, etwas, das gesagt wird, hat mehrere Bedeutungsebenen. Dies löst Suchprozesse, Konfusion, jedoch auch plötzliche Einsichten und Humor aus.

Einfache Formen der Mehrebenkommunikation tragen nur eine Doppelbedeutung in sich. Beispiele dafür sind:

☞ Was ist der letzte Satz eines Architekten? – „Ach, jetzt fällt mir aber was ein!"

☞ „Gestern war ich auf dem Finanzamt. Denen habe ich es aber gegeben!"

☞ Der Polizist zum Autofahrer: „Ihre Reifen sind abgefahren." Autofahrer zum Polizisten: „Was stehen Sie dann so rum? Nichts wie hinterher!"

☞ Was steht auf dem Grabstein des Schornsteinfegers? – „Er kehrt nie wieder."

☞ Und was steht auf dem Grab eines Lehrers? – „Zwei nimmermüde Hände haben aufgehört zu schlagen."

☞ Zwei Jäger treffen sich. Beide tot.[38]

Einer der formal komplexesten Mehrebenenwitze wurde mir von Steve Lankton erzählt. Ingrid Derra-Wippich hat bestätigt, dass dieser Witz in den USA tatsächlich in der Zeitung abgedruckt war. Das hat mein Weltbild bezüglich der prüden USA doch etwas ins Wanken gebracht. Ich erzähle jetzt diesen Witz, obwohl einigen wahrscheinlich die implizit enthaltenen Detailkenntnisse im Hinblick auf die amerikanische Innenpolitik fehlen. Der Witz wurde mir vor der Amtseinführung von Billy Clinton erzählt.

☞ Hillary Clinton hat sich die Schamlippen rasieren lassen. Warum? – Bei der Amtseinführung von ihrem Mann möchte sie ihren Rock heben und sagen: „Read my lips: No more bush!"

Vordergründig ist dieser Witz platt. Weiß man jedoch, dass George Bush bei der Wahl in einer wichtigen Situation zum Thema Steuererhöhungen gesagt hat: „Read my lips: No more taxes!", und dass dieses gebrochene

Wahlkampfversprechen beim Sieg von Clinton eine Rolle spielte, wird obiger Witz zu einem der brillantesten Beispiele von verdichteter Mehrebenenbotschaft, die mir bekannt sind.

Einen ähnlichen Verdichtungsgrad kenne ich eigentlich nur noch von einer Aussage über einen Wiener Geschichtsprofessor, der einerseits rothaarig war und andererseits sterbenslangweilige Vorlesungen gehalten hat. Ich glaube, es war Karl Kraus, der diesbezüglich kommentierte: „Das ist der rote Fadian, der sich durch die Geschichte zieht." Schon Sigmund Freud hat diesen Satz analysiert.

Aber wenn wir bereits bei politischen Geschichten sind:

☞ Was heißt Phimose auf Norddeutsch? – Engholm.

Metaphorische Kommunikation

Die Nutzung von Geschichten und Metaphern für Veränderung ist Kennzeichen wohl aller menschlichen Kulturen. Auch die moderne Psychotherapie nutzt Geschichten auf vielfältige Weise.[39] Sowohl die Familientherapie als auch die Hypnotherapie versuchen, wie andere Therapieverfahren auch, die Bilder und Metaphern der Klienten aufzugreifen und zu verändern.

Dies demonstriert in der folgenden Geschichte unser Fernfahrer Krause absolut vorbildlich.

☞ Fernfahrer Müller sitzt im Rasthaus und isst gerade zehn Soleier. Kollege Krause kommt hinzu und sagt: „Ist das nicht ein bissel viel? Zehn Soleier auf einen Schlag?" Müller antwortet: „Erstens geht dich das einen Käse an, zweitens esse ich Soleier gerne, und drittens geben Soleier ordentlich Tinte auf den Füller."

Krause geht an die Theke und ordert ebenfalls zehn Soleier. Er setzt sich neben Müller, öffnet das Fenster und schmeißt feierlich ein Ei nach dem anderen raus. Müller rastet aus: „Mensch, Krause, was machst du denn da?!" Krause antwortet: „Erstens geht dich das einen Käse an, zweitens mag ich gar keine Soleier, und drittens wüsste ich gar nicht, an wen ich schreiben sollte."[40]

Ein anderes Beispiel:

☞ Hochzeitsnacht. Er bewundert ihre Schönheit und wird poetisch: „Dieses Gebirge! Dieses Tal! Diese reizende kleine Wiese!" Usw. Nach kurzer Zeit schläft er ein. So geht das vier Tage in Folge. Dann weckt ihn die Frau mitten in der Nacht auf und sagt: „Wenn nicht bald ein Baum auf der Wiese steht, dann wird die Wiese verkauft!"

Minimale nonverbale Hinweise
(minimal cues)

Milton H. Erickson war dafür bekannt, aus minimalen nonverbalen Hinweisen Rückschlüsse auf Befindlichkeiten von Klienten ziehen zu können. So erzählte er manchmal auch Geschichten und achtete auf diese minimalen Hinweise in Form von veränderten Atemmustern, mimischen Reaktionen, kleinen Körperbewegungen usw., um daraus seine Diagnosen und therapeutischen Einschätzungen zu validieren.

Wie das funktioniert, zeigt die folgende Geschichte.

☞ Ein jüdischer Familienvater geht zu seinem Rabbi und erregt sich über die gesunkene Moral. Er habe sich einen neuen, wunderschönen Regenschirm gekauft, und nun sei dieser gestohlen worden. Das Schlimmste sei, dass es einer aus seiner Sippschaft gewesen sein muss. „Nicht einmal seinen Verwandten kann man trauen!" Er habe zwei in Verdacht. Einer von beiden muss es gewesen sein. Aber welcher? Man kann nicht einen beschuldigen, und dann vielleicht den Falschen erwischt haben. Der Rabbi sagt: „Nichts einfacher als das! Du bist das Familienoberhaupt. Am Sabbat rufst du die ganze Sippschaft zusammen. Du stellst Kerzen auf den Tisch. Und dann beginnst du zu beten und zu singen. Ganz beiläufig holst du die Bibel, und du liest aus der Bibel vor – mal dies, mal das. Ganz zufällig kommst du zu Moses und liest mal hier was aus Moses und mal dort was aus Moses. Und wieder ganz zufällig kommst du zu den Zehn Geboten. Du liest langsam ein Gebot nach dem anderen. Du kommst schließlich mit nur etwas bedeutungsvoll betonterem Vorlesen zu ‚Du sollst nicht stehlen!' und machst eine kleine Pause und beobachtest aus den Augenwinkeln, wer unruhig wird oder wer rot wird und – du weißt, wer den Schirm gestohlen hat." Der Mann ist begeistert von diesem Vorschlag und eilt nach Hause. Der Rabbi kann gerade noch darum bitten, über den Fortgang der Dinge unterrichtet zu werden. Vierzehn Tage später kommt das Oberhaupt der Sippschaft wieder und hat tatsächlich seinen wunderbaren Regenschirm dabei. Er berichtet: „Es war großartig! Es hat alles so geklappt, wie du gesagt hast. Ich habe alle zusammengerufen und die Kerzen auf den Tisch gestellt. Zuerst habe ich mit ihnen gebetet und gesungen. Dann habe ich mir die Bibel geholt und vorgelesen. Ich habe mal hier und mal dort was vorgelesen. Ganz beiläufig habe ich dann auch Moses aufgeblättert und mal hier was aus Moses vorgelesen und mal da was aus Moses vorgelesen. Dann habe ich wie absichtlos auch die Stelle mit den Zehn Geboten vorgelesen. Und ich lese eines nach dem anderen, und wie ich gerade lese: ‚Du sollst nicht ehebrechen!' ... da! – fiel mir sofort ein, wo ich den Schirm habe stehen lassen."[41]

Modelllernen

Modelllernen ist ein lerntheoretisches Konzept. „Erziehung ist zwecklos. Kinder lernen übers Vorbild." Nach meiner Erinnerung sagte dies ein berühmter Pädagoge oder Philosoph, dessen Namen ich leider vergessen habe (siehe Kapitel *Amnesie*).

Die folgende Geschichte zeigt, was ein „mitreißendes" Vorbild bewirken kann.

☞ Ort des Geschehens: Eine Hotelbar im 50. Stockwerk eines alten Hochhauses. Es ist schon spät. Einige Männer trinken heftig. Die Sprüche und Prahlereien werden immer dreister. Schließlich behauptet gar einer, dass er gleich das Fenster öffnen, rauspringen, verschwinden, wieder auftauchen und dann in aller Ruhe wieder weitertrinken wird. Die anderen grölen vor Lachen. Bevor sie jedoch etwas tun können, reißt der Angeber das Fenster auf und springt raus. Ernüchtertes Entsetzen. Nach wenigen Sekunden taucht er tatsächlich wieder auf. Die Trinkkumpane meinen, sie träumen (siehe Kapitel *Halluzination*). Der Betrunkene lallt: „Soll ich es euch vielleicht noch eiimmal zeigen?"

Tatsächlich! Er springt wieder raus und taucht wieder auf. Der Betrunkenste der Runde rafft sich auf: „Wawas du kakannst, kann ich schoooo langeeeeeeeeeeeeeeeee!" Bevor es sich die anderen versehen, stürzt er sich aus dem Fenster. Ein langer Schrei, und er schlägt unten auf der Straße auf.

Sagt der Barkeeper: „Eines kann ich dir sagen, Batman: Wenn du einen gesoffen hast, bist aber ein ganz schönes Arschloch."

Monoideismus

Der Engländer Charles Braid hat den Begriff „Hypnose" eingeführt. Er wollte diesen Begriff später jedoch durch den Begriff „Monoideismus" ersetzen, weil er erkannte, dass *hypnos*, gleich „Schlaf", der Natur dieses Trancezustandes nicht gerecht wird. Vielmehr schien ihm der Begriff „Monoideismus" (Einideeigkeit) viel besser geeignet, weil er den Umstand besser beschreibt, dass eine Person in Trance nur auf eine Sache fokussiert ist und alles andere darum herum ausgeblendet sein kann und keine Rolle spielt.

Viele Menschen schaffen das schon ohne formelle Tranceinduktion beim Frühstück, indem sie in der Tasse rühren und rühren und rühren und rühren. Es gibt längst nichts mehr zu verrühren, aber sie rühren eigentlich schon am Tagewerk oder noch in den Träumen der Nacht. Die fortgeschrittenen Frühstücks-Monoideisten haben dann auch jenes furchtbare Stechen im Auge, das aus der Tatsache resultiert, dass sie vergaßen, den Löffel aus der Tasse zu nehmen.

Manche haben diesen Zustand auch etwas später am Tage und machen sich dabei die moderne Technik zunutze:

☞ Ein Mann hat mit seinem Trainer lange Golf geübt. Jetzt darf er endlich zum ersten Male mit Caddy alleine losziehen. Der Golftrainer liest derweil im Klubhaus die neuesten Fachzeitschriften.

Nach einer halben Stunde kommt der Schüler völlig aufgelöst zurück: „Stellen Sie sich vor, was mir passiert ist: Am ersten Loch schlage ich ab. Der Ball fliegt jedoch in Richtung Straße und einem Cabriofahrer genau ins Auge. Der Fahrer schleudert nach links und rechts und verliert die Kontrolle über das Fahrzeug. Das Fahrzeug überschlägt sich, rollt die Böschung runter und bleibt genau auf den Bahngleisen liegen. Der Schnellzug kann nicht mehr bremsen und entgleist. Dort unten ist ein schreckliches Chaos, und es hat bestimmt viele Tote und Verletzte gegeben. Was soll ich nur tun?“ Der Trainer antwortet: „Was ich Ihnen schon immer gesagt habe: Beim Schlagen die Beine zusammenlassen.“

Nach einigen Jahren hat unser Golfspieler dann endlich die richtige, voll konzentrierte Einstellung zum Spiel gefunden:

☞ Er sitzt im Golfhaus, und ein Vereinsmitglied spricht ihn an: „Ich habe gehört, dass du schon wieder eine große Tragödie erlebt hast.“ Unser Golfspieler greift zum Bierglas und nimmt einen Schluck, während sich seine Augen verschleiern. Er sagt stockend: „Du meinst die Sache mit Egon? Ich spielte mit ihm zusammen, und der Kerl klappt mir doch am 9. Loch einfach zusammen. Er war tot. Ganz einfach tot.“ Der andere sagt: „Wie ich gehört habe, hast du ihn dann zum Klubhaus zurückgetragen. Das muss doch verdammt schwer gewesen sein. Der wog doch mindestens 80 Kilo!“ Unser Golfspieler antwortete: „Na gut. Das wirklich Harte war nicht das Tragen, sondern ihn vor jedem Schlag abzusetzen und ihn danach wieder neu aufzunehmen.“

Musterunterbrechung

Ein Teil modernen psychotherapeutischen Repertoires beruht darauf, dass lang bestehende Gewohnheitsmuster auf irgendeine Art unterbrochen werden. Dieses Prinzip findet man in psychotherapeutischen Fällen von Milton Erickson genauso wie in denen seiner Schüler.

So schlägt Steve de Shazer hartnäckigen Problemfällen als Hausaufgabe vor: „Mag es noch so verrückt sein, aber tun Sie bis zur nächsten Stunde irgendetwas Neues.“[42] Auch der Pionier der Stottertherapie Van Riper, lässt die Stotterer in der Variationsphase das gewohnte „Äh, äh, äh,“ durch „Öh, öh, öh,“ oder gar „Umba, umba“ ersetzen.[43]

Deswegen habe ich mich gefragt, ob der folgende Witz nun ein Witz ist oder einfach nur der Bericht über ein Fachgespräch am Rande einer lösungsorientierten Tagung.

☞ Zwei Psychotherapeuten treffen sich. „Wissen Sie“, sagt der eine, „ich beginne die Behandlung unterdessen grundsätzlich mit der Frage, ob der Patient Schach spielt. Spielt er, dann verbiete ich es ihm. Spielt er nicht, verordne ich es ihm.“ – „Ja, aber warum denn das?“, fragt der andere. Der erste antwortet: „Keine Ahnung. Aber bis jetzt hat es immer geholfen.“[44]

Naturheilverfahren versus moderne Medizin

Die Segnungen moderner Medizin werden von manchen kritisch gesehen, und viele wenden sich Naturheilverfahren aus anderen Kulturkreisen zu.

Warum das so ist, zeigt die folgende Geschichte.

☞ Der Sexreisende kommt aus dem Fernen Osten nach Hause. Er entdeckt bald, dass er sich eine merkwürdige Geschlechtskrankheit eingefangen hat. Er läuft von Arzt zu Arzt und hört mit zunehmendem Entsetzen, dass alle zur Amputation des Penis raten. In seiner Not erkundigt er sich nach Naturheilern. Man empfiehlt ihm einen in China. Es erscheint ihm auch logisch, dass zu einer östlichen Krankheit auch ein östlicher Arzt zurate gezogen werden sollte. Er fliegt nach China und besucht diesen berühmten chinesischen Naturheiler. Dieser untersucht ihn, und der Patient erkundigt sich besorgt: „Muss ich meinen Penis amputieren lassen?“ – „Nein, nein, nein“, sagt der chinesische Arzt sicher und überzeugend. Der Patient lächelt erleichtert: „Wissen Sie, alle unsere westlichen Ärzte sagten, es muss operiert werden.“ Der chinesische Doktor erregt sich: „Diese Doktoren aus dem Westen. Immer nur operieren, operieren, operieren. Zwei Wochen warten. Und der Penis fällt ab, ganz von alleine.“

Nebenwirkungen[45]

Bis jetzt gibt es ja weder für den einzelnen Therapeuten noch für ganze Therapierichtungen „Packungszettel“ (z. B. für das Wartezimmer) mit Hinweisen auf etwaige Nebenwirkungen. Vielleicht ließen sich diese Packungszettel auch etwas verschlüsseln, sodass die Klienten etwas mitdenken müssen, um mögliche Schwächen und Nebenwirkungen ihres Therapeuten zu erkennen.

„Ewig währt am längsten“ für Psychoanalytiker oder: „Eine Lösung hatte ich, aber die passte leider nicht zum Problem“ für den lösungsorientierten Kurzzeittherapeuten. Oder wie sagte unser amerikanischer Kollege Jeff Zeig nach einer ihm nicht ganz gelungenen Therapiedemonstration: „Ausgezeichnete Technik, aber der falsche Klient.“ Oder für den präventiv und zukunftsorientiert arbeitenden Praktiker: „Wenn man vor dem Abgrund steht, ist vorbeugen nicht besser als heilen.“ (Siehe auch Kapitel *Prophylaxe.*)

Nun jedoch zum Thema „Nebenwirkungen allgemein“.

☞ Kein Problem mit Nebenwirkungen hatte jedenfalls jener Patient, der mit Schwächeanfällen zu seinem Hausarzt kam. Der Hausarzt verschreibt ein probates Stärkungsmittel und fragt die folgende Woche selbstsicher: „Na, wie wirkt das Stärkungsmittel?" Der Patient: „Kann ich leider noch nichts dazu sagen, ich habe die Flasche nicht aufgekriegt."

Die systemischen Therapeuten würden sich hier auf Heinz von Förster berufen und sagen, der Mensch ist keine triviale Maschine – man kann nie exakt sagen, was aus einer „Intervention" letztlich wird.

☞ Das wunderte auch jenen Geistlichen, der seinen gelähmten Schützling mit Rollstuhl in Richtung heilige Quelle losschickte. Der Kranke fuhr mit seinem Stuhl in die heilenden Wasser, tauchte unter, tauchte auf, und der Rollstuhl war vierfach neu bereift.

Oft entscheidet sich der Patient sogar für die Nebenwirkungen. Das zu wissen entlastet die Therapeuten natürlich kolossal von der Verantwortung. Das illustrieren die nächsten beiden Geschichten.[46]

☞ Ein Mann hat furchtbare Froschaugen und sucht seit Jahren verzweifelt Hilfe bei Schönheitschirurgen. Aber alle Ärzte lehnen ob der möglichen Erblindungsgefahr ab. Nun sagen jedoch alle Frauen: „Du bist ja schon in Ordnung, aber über deine Froschaugen kann ich leider nicht hinwegsehen." So lässt er nichts unversucht, doch noch einen Chirurgen zu finden. Schließlich wird er in Argentinien fündig und jettet sofort hin. Der Arzt weist ihn jedoch auf erhebliche Nebenwirkungen der geplanten Operation hin. Der Patient fragt nicht zu Unrecht bange, um welche Nebenwirkungen es sich handele. Der Arzt schildert die geplante Operation wie folgt: „Wir müssen Ihre Hoden entfernen, und dann sinken die Augen in die Höhlen zurück, und Sie werden hervorragend aussehen, das kann ich Ihnen jetzt schon versichern." Der Patient wendet sich empört ab mit den Worten: „Was habe ich dann davon, was denken Sie, warum ich die Operation möchte?" Jedoch, Jahr um Jahr vergeht, und keine der Frauen kann über besagte Augen hinwegsehen, und so entschließt sich der bedauernswerte Held unserer Geschichte schließlich doch zur Operation. „Dann sehe ich wenigstens gut aus", schließt er messerscharf. In der Tat, kaum ist die Operation vollzogen, sinken die Augen zurück in die Höhlen, und ein beeindruckender Charakterkopf schaut in den Spiegel. Ob der günstigen Preise in Argentinien lässt er sich gleich einen hervorragenden Schneider empfehlen. Dort sucht er sich die besten Stoffe und Leder für Maßanzüge, Maßseidenhemden, Lederjacken, Hut und Schuhe aus. Der Schneider sagt: „Donnerstag können Sie alles abholen." Unser Patient sagt: „Ich glaube, Sie sind sich nicht im Klaren, was ich möchte. Ich möchte Maßanzüge, Maßhemden ..." Der Schneider unterbricht: „Das geht in Ordnung –

Donnerstag ist alles fertig." –„Ja, wollen Sie denn nicht Maß nehmen?" Der Schneider lächelt milde: „Ich habe über 20 Jahre Berufserfahrung, Ihre Maße sehe ich auf einen Blick." Darauf wollte sich unser Patient jedoch nicht verlassen, worauf der Schneider anfing, ihm sein gutes Auge zu beweisen: „Sie haben Kragenweite 39, richtig? O. k., Sie haben Bundweite 35, richtig?" So ging es weiter mit Hutgröße, Schuhgröße, Ärmellänge, die der Patient von früher noch im Kopf hatte. Dem Schneider machte es Spaß, zu zaubern und seine Erfahrung und sein gutes Auge zu dokumentieren. Er fuhr fort: „Sie haben Slipgröße 6!" Nun unterbrach der Kunde jedoch: „Jetzt täuschen Sie sich doch. Ich trage Slipgröße 4!" Der Schneider: „Ich habe über 20 Jahre Erfahrung: Sie haben Größe 6." Der Kunde: „Ich trage aber 4." Der Schneider: „Mich täuschen Sie nicht. Wenn Sie zu Ihrer Hose Slipgröße 4 tragen würden, kämen bei Ihnen die Augen raus wie bei einem Frosch."

Auch in folgender Geschichte hat die verordnende Hexe ordnungsgemäß auf die Nebenwirkungen aufmerksam gemacht, aber ihr „Klient" hat sich für das Medikament entschieden. Also:

☞ Ein im wörtlichsten Sinne Amateur von Golfspieler spielt so jämmerlich schlecht, dass er den Ball am Ende im Wald suchen muss und sich dabei verirrt. Schließlich findet er eine Hexe und jammert ihr von seinen leidvollen Golferlebnissen vor. Sie erbarmt sich und bietet ihm einen Zaubertrunk an, nach dessen Genuss er glanzvoll das Golfspiel beherrschen werde. Allerdings erkauft mit Nebenwirkungen: „Dein Liebesleben“, so spricht die Hexe, „wird nach dem Genuss dieses Trankes ziemlich mies sein.“ Aber er ist typisch und ganz Mann: Das Golfspielen ist ihm wichtig. Er verlangt nach dem Trunke. Und er spielt danach wie ein junger Gott Golf. Nach wenigen Monaten ist er als Amateur die Nr. 1 der Profiweltrangliste, der gefeierte Shooting Star – auf dem Golfplatz. Nach einem Jahr erinnert er sich an die Hexe und sucht sie auf und erzählt und erzählt von seinen Erfolgen. Die Hexe versucht, ihn sanft an den Preis zu erinnern, mit dem das Ganze erkauft wurde, aber er erzählt von seinen Siegen. Schließlich unterbricht ihn die Hexe und sagt: „Aber dein Liebesleben ist dafür doch ziemlich mies.“ Er: „Da kann ich eigentlich auch nicht klagen.“ Die Hexe: „Erzähl mir keine Geschichten, ich weiß doch, wie mein Zaubertrunk wirkt. Wie oft hat du denn mit einer Frau geschlafen in diesem Jahr?“ Der Golfspieler: „Pah, so drei- bis viermal.“ Die Hexe: „Und das nennst du nicht ein mieses Liebesleben?“ – „Ach“, sagte der Golfspieler, „für einen katholischen Pfarrer mit einer relativ kleinen Gemeinde möchte ich nicht klagen.“

Der zukünftige Psychohistoriker wird sich ob der thematischen Gemeinsamkeiten der beiden letzten Witze fragen: Liegt dies am Tatbestand, dass ein beträchtlicher Prozentsatz der amerikanischen Männer unfruchtbar ist, oder vielleicht doch eher an der etwas verkrampften deutsch-deutschen Wiedervereinigung mit ihren Vorzeitigen und Interupti oder an der Midlifecrisis des Autors, oder wollte derselbige das Thema „Nebenwirkungen" einfach bloß mit „Tod macht impotent" abschließen?

Ökologischer Check

Ökologischer Check ist ein Begriff des NLP. Das Konzept besagt, dass bei einer symptomorientierten Veränderungsarbeit auf der Gesamtsystemebene des Klienten nachgeprüft werden soll, ob es Gründe gibt, die gegen die Veränderung sprechen. Vielleicht hatte das Symptom irgendeine wichtige Funktion, die es besser zu berücksichtigen gilt.

Die folgende – vermutlich aus alten Zeiten stammende – Geschichte verdeutlicht die Wichtigkeit des ökologischen Checks.

☞ Ein Knabe wird geboren. Er ist gesund und wunderschön. Das Kind hat zum Entsetzen der Eltern nur einen einzigen Fehler: Anstatt des üblichen Bauchnabels hat das Kind ein goldene Schraube. Die Eltern vermeiden peinlich, dass irgendjemand diesen Makel zu Gesicht bekommt. Sie reisen von Arzt zu Arzt und von Land zu Land. Aber niemand weiß einen Rat. Weder mit List noch mit Gewalt: Diese Schraube bewegt sich keinen Millimeter.

Das Kind ist schließlich ein erwachsener Mann. Wie die Eltern hat der Mann nur ein Bestreben: Die goldene Schraube muss weg.

Er reist von Kontinent zu Kontinent. In Indien bekommt er schließlich den Rat, dass hoch oben im

Himalya ein Baum sei, und dort könne er die Lösung finden. Der Weg wird ihm beschrieben, und er macht sich auf die lange, beschwerliche Reise. Tatsächlich, an der beschriebenen Stelle ist besagter Baum. Sehr müde schläft der Mann mit dem goldenen Bauchnabel ein. Er träumt einen langen Traum, an dessen Ende er einen Busch findet, der unzählige goldene Werkzeuge trägt. Eines dieser Werkzeuge ist ein goldener Schraubenschlüssel, der anscheinend genau die Größe seiner Bauchnabelschraube hat. Er nimmt sich diesen Schlüssel im Traum und setzt ihn an seinen Bauchnabel. Und in der Tat – mit diesem Schlüssel öffnet sich seine goldene Schraube spielend.

Er wacht etwas benommen unter dem Baum im Himalaya auf. Er erinnert sich noch deutlich an den Traum. Plötzlich wird ihm klar, was er geträumt hat, und er reist sich das Hemd aus der Hose und schaut auf seinen Bauch: Die goldene Schraube ist weg!

Ein Gefühl der Glückseligkeit durchströmt ihn. Er springt auf. Hinter sich hört er ein schepperndes Geräusch. Verwundert schaut er sich um und stellt fest, dass ihm der Hintern abgefallen ist.

Die Ordeal-Technik

Die Ordeal-Technik stammt von Milton Erickson. Das Wort „Ordeal“ kann man mit „Strafe, Plage, Prüfstein" übersetzen. Für die therapeutische Technik ließe sich auch das Wort „Zumutung" wählen. Kurz gesagt: Dem Klienten wird eine therapeutische Aufgabe gegeben, bei welcher das Beenden der Symptomatik attraktiver erscheint, als eine solche Zumutung länger durchzuführen. Beispielsweise bekam ein Patient mit langanhaltender Schlaflosigkeit von Erickson die Aufgabe, mehrere Nächte den Boden zu bohnern.[47]

Wie Erickson wiederum per Zufall auf die Möglichkeiten dieses Verfahrens stieß, ist nur wenigen bekannt:

☞ Ein Mann mit einer schweren Bronchitis kommt in Ericksons Praxis. Erickson untersucht ihn und verschreibt ihm ein Medikament.

Die Woche später kommt der Mann zur Kontrolluntersuchung. Bevor der Patient das Behandlungszimmer betritt, schaut Erickson noch mal in seine Akten und stellt mit Entsetzen fest, dass er dem Mann versehentlich ein schweres Abführmittel verschrieben hat.

Er entschuldigt sich sofort. Der Patient jedoch sagt: „Kein Sorge, Herr Doktor, es hat prima geholfen. Ich habe mich nach der Einnahme des Medikamentes nicht mehr getraut zu husten."

Orientierung nach innen

Tranceinduktion schließt oft eine Orientierung nach innen ein. Es handelt sich vielleicht um die entspannte und angenehme Nutzung eines alten Phänomens. Denn in Gefahrensituationen hat es sich in Jahrmillionen von Evolutionsgeschichte bewährt, sich nach innen zurückzuziehen und sich zum Beispiel tot zu stellen. „Da hat er den Schwanz aber ganz schön eingezogen", sagt der Volksmund und kennzeichnet damit eine andere Facette dieses Phänomens.

☞ American Football ist ein harter Sport, der an die guten alten, Zeiten erinnert. Profi Muller spielt in der amerikanischen Profiliga. Er ist hoch bezahlter Ersatzspieler. Spiel für Spiel sitzt er auf der Auswechselbank und hofft auf einen Einsatz. Aber der Trainer setzt ihn nicht ein. Die Saison neigt sich dem Ende entgegen. Profi Muller hat einen verdammt wichtigen privaten Termin genau zum Zeitpunkt eines wichtigen Heimspiels. Er ist im Dilemma. Er motiviert schließlich seine Frau, für ihn heimlich auf der Ersatzbank zu sitzen. „Weißt du", sagt er, „ich bin die ganze Saison nicht eingewechselt worden, und bei dem wichtigen Spiel nimmt er mich sicher auch nicht rein. Du gehst gleich dick ausstaffiert im Trikot hin, hast den Gitterhelm bereits auf, und kein Mensch erkennt dich." Trotz vieler Zweifel lässt sich Frau Muller darauf ein.

Das Spiel beginnt, und Profi Muller sitzt auf der Ersatzbank. Der Gegner spielt extrem unfair, und Spieler nach Spieler scheidet verletzt aus. Kurz vor Schluss ist es so weit. Nur noch Profi Muller sitzt auf der Reservebank und wird eingewechselt. Frau Muller stürmt mit dem Mute der Verzweiflung auf den Platz und wird sogleich rüde gefoult. Ohnmächtig wird Muller vom Platz getragen. Verwundert wacht sie auf, als der Vereinsmasseur ihre Genitalregion massiert und sagt: „Bitte nicht aufregen, Muller, bitte nicht aufregen! Wenn wir die Hoden erst mal haben, kommt der Penis bestimmt auch wieder raus."

Prophylaxe

„Vorbeugen ist besser als heilen", sagt ein altes Sprichwort. Die alte Volksweisheit besagt, dass (prophylaktisches!) Vorbeugen besser sein kann, als sich um das Kind zu kümmern, das längst in den Brunnen gefallen ist.

Obwohl es auch Einwände gegen das Vorbeugen gibt, was sich in folgender Redensart von Bergbewohnern ausdrückt: „Wenn man vor einem Abgrund steht, ist vorbeugen nicht besser als heilen."

Prophylaxe in der psychotherapeutischen Praxis kann darin bestehen, dem Klienten drohende Entwicklungen an die Wand zu malen.

Wie das geht, zeigt folgende Episode.

☞ Therapeut: Alkohol macht gleichgültig.
Patient: Ist mir scheißegal.

Psychokeramik

Neuer Zweig der Psychotherapie, der sich mit fehlenden Tassen im Schrank beschäftigt.[48]

Psychohistorie

Lloyd de Mausse geht davon aus, dass sich politisches und gesellschaftliches Handeln aus der sich im Laufe der Geschichte wandelnden Erziehungsstile ableiten lassen. Lloyd de Mausse postuliert, dass im Laufe der letzten 2000 Jahre das Verhalten gegenüber Kindern immer weniger streng wurde.[49]

Dies zeigt sich auch schon in Veränderungen der letzten 60 Jahre in Deutschland. Während vor 60 Jahren viele Väter die Einstellung hatten: „Wenn ein deutscher Vater nach Hause kommt, scheinen sich selbst die Wände zusammenzunehmen", zeigt sich in folgender Geschichte, die mir vor kurzem berichtet wurde, doch ein bemerkenswerter Wechsel.

☞ Der Vater sitzt abends am Bett und singt mit seinem Sohn. Dann nimmt er das Märchenbuch und beginnt vorzulesen. Sein Sohn sagt schließlich: „Papa, kannst du leiser lesen? Ich möchte jetzt schlafen."

Einige Tage später geht der Vater mit dem Sohn spazieren. Der Sohn sieht einen kleinen wunderhübschen Vogel: „Oh Papa, schau mal, was ist denn das für einen Vogel?" Papa weiß es jedoch leider nicht. Im Wald entdeckt Junior einige Pilze. „Oh, was sind denn das für Pilze? Kann man die essen?" Papa antwortet: „Das weiß ich leider nicht." „Papa, was ist denn das für ein Baum? Papa, schau mal die Beeren, wie heißen die?" Doch Papa weiß es beide Male nicht. Schließlich sagt der Sohn: „Gell, ich soll dich nicht so viel fragen, das nervt dich?" – „Nein, nein", antwortet der Vater, „frage ruhig, du sollst ja was lernen."

Von besonderem Interesse ist in der Geschichte der Kindererziehung der sich verändernde Umgang mit der Sexualität.

Die folgende Szene spielt vor einigen Jahrzehnten in adligen Kreisen.

☞ Die Frau des Hauses bedrängt ihren Gatten, dass er endlich die Aufklärung des 17 Jahre alten Sohnes in die Hand zu nehmen habe. Der Vater meint jedoch, Erziehung sei Mutters Sache. Schließlich überzeugt ihn jedoch die Frau, dass in der speziellen Frage und bei einem Jungen traditionellerweise der Vater zuständig sei.

Der Vater nimmt sich schließlich den Sohn zur Seite und beginnt:

„Du bist jetzt 17, und ich muss einmal über einige Dinge mit dir reden.“ Der Vater überlegt eine Weile und fährt dann fort: „Weißt du noch, wie wir beide vor zwei Jahren in Paris waren?“

„Ja, Vater.“

„Weißt du noch, wie wir an dem einen Abend die beiden Frauen kennen gelernt haben?“

„Oh ja, sehr gut, Vater.“

„Weißt du noch, dass wir die beiden Frauen mit ins Hotel genommen haben?“

„Ja, Vater.“

„Weißt du noch, was wir dann mit den beiden Frauen gemacht haben?“

„Natürlich, Vater.“

„Siehst du, so ähnlich ist es bei den Bienen und bei den Schmetterlingen auch.“

Wie so vieles, hat sich auch die Sexualerziehung dieser Tage verändert, und dazu die folgende Episode.

☞ Der acht Jahre alte Junge kommt eines Morgens in den Schulferien zu seinem Vater und fragt: „Papa, woher komme ich eigentlich?“ Der allein erziehende Vater hat plötzlich einen minimal höheren Blutdruck.

Er hat sich lange auf diesen Moment vorbereitet, und die Stunde ist gekommen. Er ruft in der Firma an und meldet, dass er aus erziehungstechnischen Gründen mindestens eine Stunde später kommen wird. Dann erklärt er seinem Sohn detailliert die wesentlichen Zusammenhänge und spricht auch alles in offener Deutlichkeit an. Der Junge hört ihm fasziniert und mit großen Augen zu. Nach einer halben Stunde fragt der Vater: „So, habe ich deine Frage beantwortet? Ist dir jetzt alles klar?“ Der Sohn meint: „Nein, eigentlich nicht. Weißt du, gestern auf dem Spielplatz, der Tobias, der Tobias hat gesagt, er kommt aus Gütersloh, und woher komme eigentlich ich?“

Psychosoziale Prägungen oder Berufskrankheiten

In vielen Berufe gibt es typische Berufskrankheiten wie zum Beispiel die Staublunge. Der Therapeut hat ja manchmal etwas von einem Arzt und Heiler, manchmal etwas von einem Lehrer, manchmal etwas von einem Begleiter, und vielleicht spielt er auch mal die Rolle des Narren. Welche Berufskrankheiten der Psychotherapeut dabei risikiert, zeigen die folgenden Geschichten auf, die nacheinander Persönlichkeitsstrukturen von Lehrern, Sozialarbeitern, Ärzten und Psychologen beleuchten.

☞ Zwei Männer werden im Wilden Westen in einem *gunfight* erschossen. Die beiden Witwen beratschlagen, wie sie die neue Situation meistern wollen. Sie beschließen, dass sie ein Bordell eröffnen. Sie mieten sich ein Haus mit drei Stockwerken und werben dafür einige Frauen an. Das Geschäft lässt sich wie erwartet ganz gut an. Aber nach einigen Wochen zeigt sich ein merkwürdiges Phänomen. Das erste Stockwerk läuft ganz super. Das zweite so einigermaßen und das dritte fast überhaupt nicht mehr. Die beiden Besitzerinnen sind ratlos. Ihnen erscheinen die drei Stockwerke gleich attraktiv, und doch ist der sehr unterschiedliche Geschäftsgang nicht zu leugnen. Die These, dass die Männer beim dritten Stockwerk nicht so gut hochkommen, erscheint ihnen zu banal. Eines Tages sitzen sie beim Abendessen in einem benachbarten Restaurant und besprechen dieses Rätsel. Am Nachbartisch lauscht ein älterer Herr, der schon einige Male als Kunde in ihrem Etablissement war. Schließlich greift der ältere Herr ein: „Ich kann Ihnen schon sagen, an was es liegt, dass ein Stockwerk sehr gut, eines einigermaßen und eines sehr wenig gut läuft. Ich erzähle es aber nur, wenn sie mir versprechen, dass sie auf keinen Fall etwas verändern." Das brachte die beiden Besitzerinnen natürlich erheblich ins Dilemma. Einerseits wollten sie natürlich etwas an dieser Situation ändern, andererseits war da die Neugier, so kurz vor der Klärung des großen Rätsels zu stehen. Die Neugier siegte schließlich, und der Mann erklärte: „Wissen Sie. Im ersten Stockwerk arbeiten ehemalige Farmerinnen, Verkäuferinnen, usw. In diesem Stockwerk ist immer eine gute Atmosphäre. Es geht immer sehr locker zu. Und vor allem, wenn es mal bei einem Mann nicht so klappt. Na gut, dann klappt es eben nicht. Kommt er halt morgen wieder, und dann klappt es besser. Alle bleiben immer locker. Und das mögen die meisten Männer. Im zweiten Stockwerk ist es etwas anders. Da arbeiten ehemalige Sozialarbeiterinnen und Psychotherapeutinnen. Und wenn es mal bei einem Mann nicht klappt, dann wissen die immer, an was es liegt und was er besser machen kann. Na ja. Manche Männer mögen das, und manche mögen das nicht so sehr. Und im dritten Stockwerk, das doch recht schlecht läuft, ja, da arbeiten ehemalige Lehrerinnen. Na ja, wenn es da mal bei einem Mann nicht klappt, dann sagen die: ‚Und so mein Lieber, jetzt bleibst du da und übst, bist du es kannst.'"[50]

☞ Viele, viele Jahre später und viele tausend Kilometer entfernt geben die Berliner Philharmoniker unter Herbert von Karajan ein Konzert. Nach einer halben Stunde steht jemand in der ersten Reihe auf und ruft laut: „Ist ein Arzt hier im Raum? Ist ein Arzt hier im Raum?" Karajan kommt ins Schleudern, und seine

Philharmoniker fast aus dem Takt. Und wieder ruft der Mann: „Ist ein Arzt im Saal?“ Ganz hinten steht ein Mann auf und ruft leise: „Ja, ich bin Arzt, was ist denn, um Himmels willen?“ Der Mann in der ersten Reihe ruft nach hinten: „Ist das nicht ein wunderbares Konzert, Herr Kollege?“

☞ In der Konzertpause haben sich angeblich zwei Pychotherapeuten getroffen, und der eine sagt zum anderen: „Wie geht es mir? Wie es dir geht, sehe ich.“

Aber weder zeitlich noch räumlich allzu weit entfernt, am Bahnhof Zoo, begab sich Folgendes.

☞ Ein Tourist steigt aus und fragt nach dem Ku’damm. Er spricht einen Psychotherapeuten an, und der antwortet: „Ich habe keine Ahnung, aber ist es nicht schön, dass wir so offen darüber gesprochen haben?“

Reframing (Teil 1)[51]

Als Reframing (*to reframe* = „neu rahmen“) wird das umdeutende Anbieten eines neues Bezugsrahmens für das Denken bezeichnet. Ein Bild kann mit einem neuen Rahmen ganz anders wirken und aussehen. Genauso kann eine Situation plötzlich ganz anders wahrgenommen werden, wenn jemand einen neuen Rahmen anbietet. Der persische Therapeut Peseschkian hat einmal die Frigidität einer Patientin „neu gerahmt“ und ihr gesagt: „Sie haben die Fähigkeit, mit dem Körper ‚Nein‘ zu sagen.“[52] Familientherapie und ericksonsche Hypnotherapie verwenden solche Reframing-Techniken in vielfältiger Weise.

Die folgende angeblich wahre Geschichte wurde mir vor Jahren von meinen damaligen Praktikanten Uwe Gabert-Varga und Uwe Prudlo als Einstandsgeschenk zugetragen. Also, die Geschichte enthält keinerlei moderne Bezüge zu Ossis und Wessis und auch keine Assoziationen zu Ost-West- oder Nord-Süd-Beziehungen zwischen M.E.G.-Regionalstellen.

☞ In einem bayrischen Biergarten in München sitzen ein Bayer und ein Preuße. Beide bestellen ihre Maß. Der Bayer setzt an und trinkt gleich die halbe Maß leer, während der Preuße nur einen Schluck trinkt. Der Bayer trinkt seinen Krug leer und bestellt eine zweite Maß, während der Preuße weiter an seiner Maß nippt. Bei der dritten Maß fragt der Bayer schließlich den immer noch „maßvoll“ trinkenden Preußen: „Trinkan S’ nicht?“ Der Preuße antwortet: „Nur wenn ich Durst habe.“ Der Bayer schüttelt leicht angewidert den Kopf und murmelt: „Wie an Vieach.“

Wie man aber die deutschen und europäischen Nord-Süd-Konflikte bei entsprechender Hilfsbereitschaft bewältigen kann, zeigt die folgende Begebenheit.

☞ Im Schnellzug von Zürich nach Stuttgart sitzen im Anschluss an eine Familientherapiekonferenz ein Schwabe, ein Preuße und ein Schweizer. Der Schweizer Kollege wendet sich an den Preußen: „So, sinner au in Zürri gsi?" (Sinngemäß: Sind Sie auch in Zürich gewesen?) Der Preuße: „Wie bitte?" Der Schweizer: „Sinner in Zürri gsi?" Irritierte Antwort: „Wie bitte?" Der Schwabe greift als Vermittler ein und sagt zum Preußen: „Er moant gwääa."

Dem Vernehmen nach soll sich der Schwabe in Stuttgart ein Taxi gerufen und zum Fahrer gesagt haben: „Fahren sie mich irgendwohin, ich werde überall gebraucht."

Reframing (Teil 2)[53]

Reframing ist ein so wichtiges Konzept, dass dazu zwei Kapitel existieren. Ein Reframing kann auch einen Wechsel der Sichtweisen, eine überraschend neue Perspektive beinhalten, wie die folgenden Geschichten aufzeigen.

☞ Ein Texaner ist auf Europareise. In Texas ist ja bekanntlich alles größer, schneller, besser. Angeblich hat ein Texaner beim Anblick der Niagarafälle gemurmelt: „So einen simplen Wasserrohrbruch hätten wir in Texas längst repariert." Also so ein Texaner ist auf Europareise. Er bereist auch meine Heimat, den Schwarzwald, und kommt mit einem Schwarzwaldbauern ins Gespräch. Der Schwarzwälder ist mächtig stolz auf seinen Hof, sein Stückle Wald, seine Felder und seine Matten (= Wiesen). Der Texaner wird immer geringschätziger. „Bist du schon mal in Texas gewesen, Junge?". fragt er. Der Schwarzwaldbauer verneint. „Dann erzähle ich dir jetzt mal, wie es in Texas ist", sagt der Amerikaner und beginnt zu erzählen. „In Texas, da steige ich morgens um sieben Uhr in meinen Range Rover, nehme meine Jagdgewehre und meine Familie mit. Und dann fahren genau nach Westen und immer nur nach Westen. Abends machen wir Rast, und morgens in aller Frühe brechen wir wieder auf. Wir fahren wieder nach Westen, genau nach Westen und nur nach Westen. Nachmittags so gegen vier Uhr – da bin ich an der Grenze von meiner Ranch. Das ist Texas, Junge, Texas!"

Der Schwarzwaldbauer sagt: „Oje, oje! So ä Auto hab i au mal ghabt."

☞ Nicht weit davon war einige Jahre zuvor ein sehr heruntergekommener und hungriger Bettler unterwegs.

Er klingelt an einem Haus, und eine alte Oma schaut oben zum Fenster raus. „Gute alte Frau", jammert der Bettler nach oben, „drei Tage habe ich schon nichts mehr gegessen." Die Oma antwortet ihm: „Musst dich halt zwingen."

☞ Wir steigen von den Höhen des Schwarzwaldes in die Niederungen der Zirkusmanege: Im Zirkus ist eine Nachtvorstellung. Strenge Ausweiskontrolle. Beginn 23 Uhr. Lange Zeit ist die Enttäuschung groß. Striptease, wenn auch auf dem Hochseil, ist seit der Erfindung des Satellitenfernsehens auch nicht mehr für alle das Aufregendste. Während einige Zuschauer witzeln, dass man zumindest einen eingesprungenen doppelten Rittberger hätte erwarten dürfen, wird plötzlich das Licht abgedunkelt und das Spotlight leuchtet sanft auf den Ansager: „Weltweit eine einmalige Nummer" – die Dressur eines Krokodiles wird angekündigt. Der Dompteur kommt herein und gibt ein Zeichen. Ein riesiges Krokodil setzt sich langsam in Bewegung. Kurz bevor es ihn erreicht, gibt er ein Stoppzeichen, und das Krokodil stoppt. Er hält seinen linken Arm waagrecht nach vorne und legt den rechten Arm genau über den linken Arm, sodass die Hände gefaltet sind. Mit kleinen, ruckartigen Bewegungen beginnen sich die Arme und Hände voneineinander zu entfernen (Armlevitation). Das Krokodil beginnt genauso ruckartig sein Maul zu öffnen. Die Zuschauer sind gebannt. (Siehe Kapitel *Fokussierte Aufmerksamkeit.*) Schließlich lässt der Dompteur seinen rechten Arm im Winkel von 45 Grad nach oben stehen und geht mit seiner linken Hand langsam an seine Hose, öffnet seinen Hosenladen und legt seinen Penis in den Rachen des Krokodils. Dann bewegen sich die beiden ausgestreckten Arme wieder langsam und ruckartig aufeinander zu. Das Krokodil schließt langsam und ruckartig den Rachen. Das Publikum sitzt regungslos (Katalepsie). Der Rachen ist beinahe geschlossen. Atemlose Spannung. Da – im letzten Moment schlägt der Dompteur blitzartig mit seiner rechten Hand hart auf den Kopf des Krokodils. Das Krokodil reißt schlagartig seinen Rachen wieder auf (Rapid-Reorientierung). Prasselnder Applaus. Die Spannung entlädt sich. Der Dompteur schließt feierlich seine Hose und geht gemächlich ans Mikrofon: „20 000 Euro für den, der das nachmacht!“ Erneute Regungslosigkeit insbesondere bei den männlichen Besuchern (indirekte Reinduktion einer Katalepsie). Nach einer Weile sagt der Dompteur: „O.k.! Ich zeige nochmal, wie es geht.“ Wieder schließt er die Arme. Öffnet sie langsam und ruckartig. Das Krokodil öffnet entsprechend sein schreckliches Maul. Wieder liegt der Penis des Dompteures sanft auf dem Unterkiefer des Krokodils, bevor er langsam das Schließen des Rachens induziert. Der Dompteur geht diesmal noch weiter. Es sieht wirklich schrecklich aus. Im allerletzten Moment schlägt er wieder blitzartig zu. Prasselnder Applaus. Lässiges Schließen der Hose. Das Schlendern zum Mikrophon. „50 000 Euro für den, der das nachmacht." Regungsloses Schweigen im Publikum. Aber da, weit oben bei den billigen Plätzen, Bewegung. Der Dompteur wirkt erstaunt. Noch nie hat es jemand gewagt, in die Manege zu kommen. Eine alte Oma kommt den Gang herunter und betritt die Manege. Der Dompteur begrüßt sie verunsichert und etwas verlegen. Die Oma ergreift gleich das Wort und sagt, dass das Ganze ihr furchtbar peinlich sei, aber ihre Rente sei so niedrig, und für 50 000 würde sie es versuchen. Der Dompteur wirkt konfus. Seine unnachahmliche Lässigkeit, die er gerade noch beim Schließen der Hosen demonstriert hatte, ist weitgehend verloren. Die Situation hat plötzlich etwas Unkontrollierbares. (Siehe Kapitel *Dissoziation.*)

Schließlich faßt sich der Dompteur wieder einigermaßen und sagt zu der Oma: „Aber gnädige Frau, das geht doch gar nicht, da gibt es doch den gewissen kleinen Unterschied zwischen Mann und Frau." Aber bevor er richtig zu Ende ist, betont die Oma, dass sie wegen ihrer kleinen Rente die Sache unbedingt versuchen wolle. Bevor der Dompteur weiß, was er jetzt tun soll, nimmt ihm die Oma noch mal das Mikrofon aus der Hand und sagt: „Wenn ich noch eine kleine

Bitte äußern dürfte ... Wenn Sie mir doch nicht gar so furchtbar auf den Kopf schlagen würden?"[54]

Dieter Beckert, der famose Dresdener Kleinkünstler, erzählte mir im Anschluss an seine tolle Abendveranstaltung auf der Kinderhypnosetagung in Heidelberg 1992 den folgenden Witz. Dies ist Beckerts Lieblingswitz bezüglich der Wesensart der Sachsen, und er illustriert ebenfalls den Wechsel der Perspektive, der dem Reframing eigen ist.

☞ In Leipzig ist die Uraufführung einer Oper. Alles ist hervorragend besetzt. Nur der Tenor ist „politisch" besetzt und bekam seine Rolle über Beziehungen (das so genannte Vitamin B Multibionta). Die Aufführung ist zu Ende. Großer Schlußapplaus. Schließlich kommen die Solisten einzeln auf die Bühne. Jeweils großer Jubel. Als der Tenor kommt, bricht ein beispielloser Beifallssturm los, Blumen fliegen, Bravorufe ... Ein anwesender Opernkenner denkt sich: „Totale Ignoranten, die Leipziger. Keine Ahnung von Opern und Gesang." Immer wieder kommen die Solisten auf die Bühne, und der Beifallssturm für den Tenor steigert sich immer furioser. Häufiger und häufiger kommt der Tenor vor den Vorhang und verbeugt sich tiefer und tiefer. Der Opernkenner wendet sich schließlich unwillig an seinen Nachbarn: „Merkt ihr eigentlich nicht, dass der überhaupt nicht singen kann?!" Der jubelnde Leipziger antwortet: „Natürlich wissen wir das, aber heute machen wir ihn fertig."[55]

Reinkarnationstherapie

Bei der Reinkarnationstherapie gehen Klienten in Trance in frühere Leben zurück und versuchen zum Beispiel, Ursachen für aktuelle Probleme in früheren Leben zu lokalisieren. Teilweise wird auch angenommen, dass die Wiedergeburt mit in früheren Leben unbearbeiteten und noch nicht gelernten Dingen zusammenhängt.

Das illustriert die folgende Geschichte.

☞ Ein Mann hat in seiner Kindheit eine große Überschwemmungskatastrophe erlebt. Sein Leben lang erzählt er von dieser großen Flut, und seine Verwandten und Freunde können dieses Thema nicht mehr hören. Er stirbt schließlich und kommt in den Himmel. Petrus begrüßt ihn und macht klar, dass er im Paradies tun könne, was immer sein Herz begehre. Der Mann äußert gleich seinen Wunsch: einen Vortrag halten über die große Überschwemmung. Alles ist schließlich arrangiert und der große Saal gefüllt. Kurz vor Beginn des Vortrages steckt Petrus unserem Mann einen kleinen Zettel zu, auf dem geschrieben steht: „Ganz im Vertrauen – Noah ist im Saal."

Dem Vernehmen nach soll sich dies unmittelbar vor einer neuerlichen Reinkarnation zugetragen haben, und der Reinkarnierte soll im späteren Leben seine Eltern mit hartnäckigem Bettnässen schier zur Verzweiflung getrieben haben.

Rollenspieltheorie der Hypnose

Eine alte Diskussion im Feld der Hypnose ist die Frage, ob es sich bei der hypnotischen Trance wirklich um einen veränderten Bewusstseinszustand handelt. Es gibt Forscher, die behaupten, dass sich die Hypnotisierten nur so verhalten, als ob sie in „Trance" wären. Tatsache ist, dass selbst so erfahrene Hypnosespezialisten mit legendärem Beobachtungsvermögen wie Milton Erickson im kontrollierten Experiment nicht unterscheiden konnten, ob eine Person nur hypnotisiert spielte oder tatsächlich in Trance war.

Die folgende Geschichte soll wenige Tage vor Entstehen der Rollenspieltheorie der Hypnose passiert sein.

☞ Ein später bekannter Hypnosefachmann wurde von einem alten Freund angerufen: „Mein Vater macht mir große Sorgen. Er kann seit Wochen nicht mehr schlafen und wird von Tag zu Tag schwächer. Wir haben schon alles probiert: warmes Bier, Baldrian, Psychopharmaka, eintönige Musik und und und. Wir haben ihn schon künstlich über Stunden wach gehalten. Nichts hilft. Kannst Du ihn hypnotisieren?“ Der Hypnosespezialist erklärt sich bereit und reist an. Er nimmt sein Pendel, lässt den alten Vater darauf fixieren und beginnt zu sprechen: „Ihre Augen werden müde und schwer, ganz müde und ganz schwer. Immer mehr. Müde und schwer. Und die Augen schließen sich. So ist es gut. Und Sie sinken immer tiefer in eine wohltuende, angenehme, schwere Müdigkeit ohne Zeit und ohne Raum.“ Die Stimme des Hypnosefachmannes wird immer ruhiger und immer gleichförmiger, und die Atmung des Vaters wird auch immer ruhiger und gleichmäßiger. Nach 40 Minuten beendet der Hypnotiseur allmählich die Sitzung: „Sie werden viele Stunden schlafen, wohltuendes, verdientes Schlafen, und Sie werden sich an den folgenden Abenden erinnern, an die wohltuende Schwere, an meine Stimme und immer schneller und sicherer in tiefen Schlaf versinken.“ Der Hypnotiseur steht sehr leise auf und verlässt langsam das Zimmer. An der Tür winkt er dem Sohn, der an der anderen Seite des Bettes sitzt, und bedeutet ihm, ebenfalls leise das Zimmer zu verlassen. Als der Sohn gerade aufstehen will, öffnet der Vater ein Auge und flüstert: „Ist der Spinner schon gegangen?“

Rückbezüglichkeit – Zirkularität – zirkuläre Kausalität

Diese Begriffe sind in der Kybernetik und in der Systemtheorie wichtig.[56]

Es geht um eine Folge von Ursachen und Wirkungen, die wieder zur Ausgangsursache zurückführen. Das Thema illustriert sich wohl immer noch gut in der alten Frage: „Was war früher? Das Huhn oder das Ei?"

Die folgenden Witze habe ich zu diesem komplexen Thema gefunden.

☞ Zwei Schweden haben einen Lastwagen mit Schnaps geklaut. Und was haben sie mit dem vielen Schnaps gemacht? Verkauft. Und was haben sie mit dem Geld gemacht? Versoffen.

☞ Ein Missionar ist unterwegs und missioniert alle möglichen wilden Völker. Doch eines Tages ist er in jeder Hinsicht zu weit gegangen. Er erreicht einen Kannibalenstamm. Die Kannibalen stecken ihn lebendig in den Suppentopf. Plötzlich stürmt der kleine Häuptlingssohn aufgeregt zu seinem Vater. „Vater, Vater komm schnell, der Missionar frißt uns den ganzen Reis aus der Suppe!"

Auch in folgender Episode spielen zirkuläre Prozesse eine gewisse Rolle.

☞ Auf dem Berg mit dem berühmten Echo steht ein Gedenkkreuz. Der Bergführer wird gefragt, was es bedeutet. Er antwortet, dass es für eine Touristin sei, die hier verrückt wurde. Sie wollte unbedingt das letzte Wort haben.

Vielleicht ist die folgende Episode beinahe zu komplex.

☞ Maria und Joseph sind auf dem Weg nach Bethlehem. Joseph ist müde. In einem Moment der Unaufmerksamkeit tritt er in ein Loch und verknackst sich den Fuß. „Jesus!" murmelt er in den Bart. Marie dreht sich um und strahlt: „Das ist ein guter Name für unser Kind."[57]

Der Pionier der Sprachtherapie Charles Van Riper schildert, dass er als begeisterter Gärtner drei Finger im Komposthäcksler verloren habe. Den Kompost habe er auf das Erbsenfeld getan und sich so selber recycelt. Er fügt an, dass es nicht vielen vergönnt gewesen sei, die eigene Unsterblichkeit auf diese Art zu riechen und zu schmecken.[58]

Schmerzkontrolle

Schmerzkontrolle ist eines der klassischen Gebiete klinischer Hypnose. Hierbei wird uraltes Wissen verwandt, das in allen Kulturen vor der Erfindung moderner Anästhesie eingesetzt wurde.[59]

Woher es jener Missionar hatte, von dem die folgende Geschichte handelt, ist leider nicht überliefert.

☞ Ein Missionar in Afrika hatte sich in den Kopf gesetzt, einen besonders wilden Stamm zu missionieren. Das in jenen Tagen stationierte Kolonialheer warnte ihn mehrfach vergebens. Er musste die Botschaft einfach zu diesen Leuten tragen. Der Kommandant des Militärstützpunktes sagte ihm zum Abschied, dass sie zur Suche ausrücken würden, wenn er nach zehn Tagen nicht zurück sei. Die zehn Tage vergingen, und er war natürlich nicht zurück. Der Militärkommandant hatte es befürchtet und gab den Befehl zum Ausrücken. Je näher die Truppe an jene Eingeborenensiedlung heranrückte, desto stärker hörte man Trommeln. Offensichtlich war ein großes Fest im Gange. Die Truppen schlichen im Schutz der Dunkelheit heran und erkannten, dass der Missionar mit einer Lanze durch den Bauch am Marterpfahl befestigt war. Die Soldaten feuerten ein Salve in Luft, und alle Eingeboren schlugen sich in die Büsche.

Der kommandierende Offizier näherte sich dem Missionar. Einfühlsam – wie hohe Militärs sind – erkundigte er sich: „Das tut sicher schrecklich weh." („Pacing", Widerspiegeln emotionaler Erlebnisinhalte.)

Der Missionar antwortete: „Eigentlich nur wenn ich lache."

Doch zurück zu den alten Kulturen. Auch Winnetou und Old Shatterhand waren Meister der Schmerzkontrolle, wie man aus vielen Erzählungen von Karl May weiß. Die folgende Geschichte steht dafür beispielhaft.

☞ Winnetou, Old Shatterhand und ein Professor gehen zelten. Mitten in der Nacht ist draußen ein Geräusch. Winnetou schleicht lautlos raus, und plötzlich macht es laut „Boing!". Dann ist wieder Ruhe. Etwas später wieder ein Geräusch, und Old Shatterhand geht raus. Kurz darauf: „Boing!" und wieder Ruhe. Nach dem nächsten Geräusch geht tapfer der Professor raus, und kurze Zeit später macht es „Boing!" und einen Moment später nochmal „Boing!". Old Shatterhand flüstert zu Winnetou: „Habe ich dir nicht gleich gesagt, dass der Professor bestimmt zweimal in den Rechen tritt."

Schmerzkontrolle: Dissoziation und Umlenkung der Aufmerksamkeit

Welche Technik der hypnotischen Schmerzkontrolle jener Missionar oder Winnetou verwendet haben, wissen wir nicht. Eine der zentralen Techniken ist jedoch die Umlenkung der Aufmerksamkeit. Die Aufmerksamkeit richtet sich in konzentrierter Weise auf etwas anderes (z. B. auf eine schöne Erinnerung, auf eine Musik, auf die Stimme des Hypnotiseurs usw.), und es erfolgt eine Dissoziation vom Schmerzempfinden.[59]

Einen wesentlichen Mechanismus dieses Vorgehens illustriert die folgende Geschichte.

☞ Mr Jones geht in New York zum Zahnarzt. Er hat die letzten Wochen immer mal wieder Probleme mit seinen Zähnen. Der Zahnarzt schaut in seinen Mund und sagt spontan: „Das gibt eine Gesamtmundbehandlung." – „Eine Gesamtmundbehandlung?", fragt Mr Jones erstaunt. „Ja. Alles. Oben, unten, vorne und hinten. Unter 10 000 bis 12 000 Dollar ist da gar nichts zu machen." Der Patient ist geschockt und erwähnt, dass er keine Versicherung für diese große Summe hat. Der Zahnarzt bleibt dabei, dass unter 10 000 Dollar gar nichts zu machen sei. Er fügt jedoch hinzu, dass einige Straßen weiter ein junger Zahnarzt seit wenigen Jahren praktiziert. Zum einen sei es gut, in diesem Fall eine zweite Meinung zu hören, und zum anderen ist der junge Arzt vielleicht auch noch billiger.

Jones geht zu dem anderen Arzt. Jedoch auch der spricht von der Gesamtmundbehandlung. Allerdings kalkuliert er nur um die 6000 Dollar. Der Patient meint daraufhin, dass ihm das Einsparen von so viel Geld natürlich sehr wichtig sei, aber andererseits komme es ihm natürlich auch sehr auf die Qualität an. Der junge Zahnarzt spürt, dass der Patient Zweifel hat, ob die Qualität mit der des alten, erfahrenen Zahnarztes vergleichbar ist. So sagt der junge Zahnarzt: „Vor etwa zwei Jahren hatte ich einen Patienten, bei dem war annähernd dasselbe wie bei Ihnen zu machen. Das ist ein sehr netter Mensch. Ich gebe Ihnen die Telefonnummer, und Sie können ihn fragen, wie er mit meiner Zahnbehandlung zufrieden war."

Mr. Jones ruft den ehemaligen Patienten an. In der Tat ist er ein offener und sofort zur Auskunft bereiter Mann. Er beginnt sofort, über seine Hobbys zu sprechen. Jones unterbricht und möchte möglichst bald Entscheidungshilfen für sein Problem der Zahnarztwahl. Doch der andere erzählt, dass er jeden Morgen joggt. Nach einem Moment unterbricht Jones wieder und kommt mit seinem Zahnarztproblem. Der ehemalige Patient vertröstet ihn wieder und betont, dass er ihm auf seine Weise schon Auskunft geben wird. Er fährt fort: „... und wissen Sie, was das Schönste jeden Morgen ist? So etwa nach einer halben Stunde Lauf komme ich immer an diesen einsamen, kleinen See. Dort ziehe ich mich aus und schwimme in der Morgendämmerung völlig nackt und alleine in diesem See. Das hat so einen unvergleichlichen Reiz. Manchmal hat es etwas Nebel über dem Wasser. Und vor etwa 14 Tagen, als ich gerade aus diesem See herausstieg, da sah ich plötzlich eine junge Frau ebenfalls im See schwimmen. Sie schwamm gerade in Richtung Ufer. Sie, das war mir so was von peinlich! Ich stehe da ohne jegliche Deckung und ohne Kleider splitternackt in der Gegend herum. Meine Kleider waren mindestens 30 Meter weg. Und stellen Sie sich vor: Die Frau war ebenfalls splitternackt. Und Sie! Der war das überhaupt nicht peinlich! Die kam so einfach auf mich zu und begrüßte mich so einfach mit einem schnellen Kuss. Und in dem Moment, als sich unsere Körper für einen kurzen Augenblick berührten – das war in den ganzen zwei Jahren das einzige Mal, dass ich nichts von meinen Zähnen gespürt habe."[60]

Seeding

Seeding oder Säen ist ein Konzept, das Haley aus der Arbeit von Erickson ableitete. Zeig verglich es mit dem sozialpsychologischen Konzept des Primings. Kurz gesagt, hat Erickson alles, was er vorschlug oder suggerierte, lange vorher angedeutet und „gebahnt“, sodass es auf fruchtbaren Boden fiel.[61]

Das illustrieren die folgenden beiden Geschichten – die erste sehr subtil und die zweite recht drastisch.

☞ Ein Mann bricht beim Golfspielen zusammen und stirbt auf dem Platz. Niemand will es übernehmen, die Nachricht der Frau zu überbringen. Schließlich übernimmt es doch der beste Freund des Mannes, der auch die Frau gut kennt. Er ruft an und sagt: „Karin, dein Mann hat mehr als 7000 Euro beim Pokern verspielt." – „Was sagst du da? Der Schlag soll ihn treffen!" Der Freund sagt: „Komisch, dass du das jetzt erwähnst ..."

Die zweite Geschichte spielt im Bett eines Börsenmaklers.

☞ Börsenmakler zu seiner Frau: „Die Aktien steigen, und der Kurs ist fest."

Die Frau dreht sich zur Seite und sagt: „Die Börse ist zur Zeit geschlossen."

Nun dreht sich der Makler enttäuscht zur Seite.

Nach einiger Zeit dreht sich die Frau wieder ihrem Mann zu und flüstert: „Liebling, die Börse ist geöffnet, ich nehme die Aktien zum Höchstwert."

Er antwortet jedoch: „Zu spät, ich habe sie bereits unter der Hand verschleudert."

Leider war der Börsenmakler mit dem Konzept „Säen" und der Beachtung des Faktors Zeit einschließlich der typischen Zeitverzögerungen bei der Akzeptanz und Umsetzung von Suggestionen nicht vertraut, sonst wäre das Ganze noch fruchtbarer gewesen.

Selbsthypnose

Von Selbsthypnose spricht man, wenn jemand den Trancezustand selbst induziert. Der Trancezustand selbst kann dann für unterschiedliche Ziele wie Schmerzkontrolle oder Tiefenentspannung genutzt werden.[62]

Letzteres führt uns zu folgender Geschichte:

☞ Zwei Arbeitskollegen – kurz vor der Pensionierung – unterhalten sich über ihr Sexualleben. Der eine klagt, dass es mit seiner Potenz nicht mehr zum besten bestellt sei. Der andere meint, da könne er nicht klagen, da er erst letzte Nacht kurz nacheinander dreimal mit seiner Frau geschlafen habe. Der Erstere nimmt dies ungläubig zur Kenntnis und fragt, ob er Medikamente zur Hilfe nehme. „Nein", sagt der andere, „ich habe Selbsthypnose gelernt. Ich habe mit meiner Frau geschlafen, und dann gehe ich für zehn bis zwölf Minuten in eine kurze, tiefe Trance und sage mir, dass ich total frisch aufwache, und dann schlafe ich wieder mit meiner Frau, gehe wieder kurz in tiefe Trance und schlafe ein drittes Mal mit ihr."

Der Kollege ist fasziniert und bucht gleich den empfohlenen Volkshochschulkurs. Dort lernt er Selbsthypnose, und es wird ihm empfohlen, zuerst nur zu lernen, tief in Trance zu gehen und sich wieder zu reorientieren. Nach kurzer Zeit probiert der Mann sein neues Wissen aus. Er schläft mit seiner Frau und geht tief in Trance. Er reorientiert sich, schläft mit seiner Frau, geht wieder in Trance und kommt frisch für ein drittes Mal zurück. Zufrieden schläft er ein. Allerdings überhört er am nächsten morgen den Wecker und kommt 20 Minuten zu spät zur Arbeit. Der Chef erwartet ihn schon mit finsterer Miene am Haupteingang. „Sie kommen spät", sagt er. Der Mann ist ziemlich enttäuscht und sagt: „Aber Chef, 27 Jahre komme ich immer pünktlich und zuverlässig zur Arbeit, und jetzt regen sie sich wegen 20 Minuten auf."– „Was heißt 20 Minuten?", sagt der Chef. „Wo waren Sie am Dienstag, und wo waren Sie am Mittwoch?" (Zeitverzerrung in Trance.)

Selbstwertgefühl

Selbstwertgefühl, insbesondere das fehlende, ist laut Virginia Satir die Wurzel aller Beziehungsprobleme. Der Frosch im folgenden Märchen demonstriert, wie gesundes Selbstwertgefühl nach einer erfolgreichen Therapie aussehen kann.

☞ In Heidelberg auf der Neckarwiese läuft ein Frosch in roter Badehose. Er schwingt die Hüften und proletet lautstark: „Ich bin ein Schwan! Ich bin ein Schwan!“ Zwei kleine Entchen beobachten ihn missbilligend. Der Frosch gibt keine Ruhe. Immer wieder ertönt sein melodiöses: „Ich bin ein Schwan!“ Die Enten halten es nicht mehr aus: „Jetzt halt doch mal die Luft an, du Angeber, du Macho, du …“ – „Kommt mal her, ihr beiden Enten!“, tönt der Frosch. Die Enten watschelten zu ihm, und der Frosch spannt die Badehose von seinem Körper weg, sodass man in die Hose schauen kann. „Da – schaut da mal rein!“ Die Enten schauen rein und … holen tief Luft: „Mein lieber Schwan!!“

Die Sprache des Unbewussten

Erickson war ein Meister darin, unbewusste Botschaften mitzuhören, die in der Sprache der Klienten mitschwangen. Er sagte immer wieder, dass man in der Lage sein müsste, die Sprache der Klienten zu verstehen und zu sprechen. Arno Schmidt hat diesen Prozess bezüglich der Sprache von Karl May im Buch Sitara[63] dargestellt und weist zum Beispiel darauf hin, dass bei Karl May sehr oft die Wörter „Wald“ und „Heim“ in Kombinationen wie „unheimlicher Wald“ auftreten. Schmidt bringt dies in Zusammenhang mit Karl Mays Zeit im Zuchthaus Waldheim.

Die folgende therapeutische Episode könnte für den geübten Fachmann für unbewusste Sprache von Interesse sein.

☞ Die Patientin erzählt ihrem Analytiker, was seit der letzten Therapiesitzung geschehen ist: „Ich habe Kaninchen gekauft und jeden Tag eines zubereitet und meinem Mann zum Essen vorgesetzt." Der Analytiker (hat eine systemische Komponente in seiner Arbeit und) fragt: „Und was sagt Ihr Mann dazu?" Die Patientin antwortet: „Nichts. Kein Wort. Einfach kein Wort. Er starrt mich immer nur an. Mit seinen großen, roten Augen."

Wie gesagt, Erickson war ein Meister darin, solche unterschwellig mitschwingenden Botschaften zu erfassen und therapeutisch zu nutzen.

☞ In seiner Nachfolge verpflichteten sich einige Schüler von Milton Erickson der Aufgabe, diesen komplexen Prozess zu üben und zu erlernen. Einer dieser Schüler war auf einem internationalen Kongress in Phoenix. Im Aufzug des *Hyatt*-Hotels fuhr eine wunderschöne Mexikanerin mit. Leider sprach Sie weder Englisch noch Deutsch, und der Kollege sprach auch kein Wort Spanisch. Reaktionsschnell zeichnete er auf seinen Notizblock ein Taxi. Die Schöne lächelte ihn an und nickte. So fuhren die beiden spontan mit einem Taxi durch die Stadt. Er nahm seinen Block und zeichnete eine Restaurant mit Tischen und Tellern. Sie nickte, und er beorderte das Taxi in das laut Tagungsunterlagen beste und teuerste Lokal. Man speiste und trank auf das Vorzüglichste. Die Stimmung wurde immer angenehmer. Dann zeichnete er ein innig tanzendes Paar, und die Schöne strahlte ihn an und nickte. Sie lotste ihn in eine wunderschöne Tanzbar. Nach einigen Tänzen nahm sie den Block und malte etwas unbeholfen, aber gut erkennbar ein großes französisches Bett mit vier großen Bettpfosten. Nachdem er sie an ihrer Haustür mit einem Kuss verabschiedet hatte, wunderte er sich. Und diese Verwunderung hielt auf dem Rückweg zur Tagung, auf der Tagung selbst, ja selbst im Flugzeug auf dem Wege nach Hause noch an. Er hatte einige Frustrationsgefühle, ja beinahe Minderwertigkeitsgefühle. Aufgrund welcher rein nonverbalen, minimalen Hinweisen (siehe Kapitel *Minimale nonverbale* Hinweise) war diese junge Frau in der Lage gewesen herauszufinden, dass er früher in den Semesterferien mal bei *Ikea* gejobbt hatte?

Strategische Therapie[64]

Von strategischer Therapie[65] spricht man, wenn Therapeuten über mehrere Schritte vorausblickend und

-planend arbeiten. Strategisches Vorgehen zieht sich jedoch durch alle Lebensbereiche, wie die folgende Hochzeitsnacht zeigt.

☞ Es war einmal in einer Hochzeitsnacht ... die Braut und der Bräutigam ... vor dem Bett ... die Braut hat die innigsten Gedanken – „endlich alleine“... der Wunsch nach Liebe, Zärtlichkeit ... so lange darauf gewartet. Plötzlich fliegt ihr mit Schwung die Anzugshose ihres frisch angetrauten Ehemannes mehr als grob an den Kopf („Unterbrechen der bewussten Erwartungshaltung“). Die Braut konsterniert: „Was soll das?“ Der Bräutigam: „Zieh die Hose an!“ Die Braut wundert sich, er wird jedoch sehr grob und bedrohlich und fordert hochaggressiv, dass sie sofort seine Hose anzieht. Ernüchtert zieht sie schließlich seine Hose an. So sehr sie sich jedoch bemüht und so eng sie den Gürtel auch schnallt, die Hose ist immer noch zu weit und fällt immer wieder runter. Der Bräutigam schließlich zufrieden: „Nur damit du von Anfang an weißt, wer die Hosen anhat und wem sie passen.“

Während der Braut das alte Sprichwort „Trauring, aber wahr“[66] durch den Kopf geht, sieht der Bräutigam eine gewisse Skatrunde vor seinem inneren Auge vorbeiziehen. Einer der verheirateten Mitspieler wurde immer unruhiger und wollte schließlich nach Hause, weil ansonsten wieder einmal ein Ehekrach anstünde.

Er wolle zwar versuchen, schon eine Straße vorher zu parken und durch den Hintereingang leise ins Haus zu schleichen, sich in der Küche auszuziehen, kein Licht im Schlafzimmer zu machen und, ohne die Frau zu wecken, ins Bett zu kriechen. Aber meistens wache die Frau dann auf, und es gebe jedes Mal stundenlang Theater. Ein anderer Skatbruder war erschüttert angesichts der Schilderung dieser aus seiner Sicht recht ineffizienten Strategie. Er meinte, dass er an solchen Abenden schon eine Straße vorher laut hupe, dann donnernd in die Garage fahre, die Garagentüre zuschmettere, die Treppe im Haus hochstürme, ins Schlafzimmer renne und das Licht anknipse und frage: „Na, wie wär's mit uns beiden?" Und dann würde seine Frau sich immer schlafend stellen.

Aber zurück zu unserer Hochzeitsnacht. Wie nun der frisch getraute Ehemann über all diese Gedanken sich gerade selbstzufrieden das Hemd auszieht, fliegt ihm mit Schwung der Slip seiner Frau an den Kopf (Reorientierung aus gemeiner Alltagstrance und gleichzeitige Fokussierung der Aufmerksamkeit, wie der erfahrene Hypnotherapeut unschwer erkennen kann). Die Braut: „Zieh den Slip bitte an!" Der Ehemann etwas verwirrt: „Wieso?" Die Braut: „Du, ich habe deine Anzugshose angezogen, jetzt zieh bitte meinen Slip an!" (Mann beachte die höflich indirektere Technik der Frau im Gegensatz zum doch etwas autoritären

Vorgehen des Mannes!) Der Bräutigam bemüht sich nun redlich, aber er ist viel zu stämmig. Schon bei den Waden geht es nicht mehr so recht weiter. „Du, in den Slip komme ich nicht rein!“ Die Braut erwidert: „In den Slip wirst du auch weiterhin nicht reinkommen, wenn du dein Verhalten nicht änderst.“

Ihrer Freundin erzählt die Braut später, dass sie „Trauring, aber wahr“ beiseite schob und sie nicht wusste, warum ihr immer wieder im Kopf herumging: „Lieber ein Ente und roh als eine Gans und gar“, aber entscheidend (die Scheidung aufhebend) sei schließlich eine neue Sicht der alten Männerweisheit „Lieber Oberursel als Unterursel“ gewesen.

Inwieweit die folgende Geschichte etwas mit Strategien zu tun hat, wagt nur der kundige Fachmann einzuordnen, denn einige Jahre später trug sich bei obigem Paar Folgendes zu.

☞ Es ist sieben Uhr morgens. Die Frau wartet wütend auf ihren Mann. Er war die ganze Nacht nicht zu Hause. Schließlich taucht er kurz nach sieben Uhr auf. Sie konfrontiert ihn übernächtigt: „Wie willst du mir das erklären?“ Er antwortet: „Jetzt reg dich nicht auf! Wir hatten diese Konferenz in der Firma. Es wurde spät. Ich habe mich wahnsinnig aufgeregt über diese Idioten. So kann man einfach nicht effizient arbeiten.

Der letzte Zug für meine Sekretärin war längst abgefahren, und ich habe sie noch nach Hause gefahren. Im Auto haben wir weiter über diese Sitzung gelästert. Ich habe mich so was von aufgeregt, dass ich zweimal fast einen Unfall gebaut hätte. Sie versuchte, mich zu beruhigen und sagte, dass ich so nicht fahren könne. Sie hat mich zu einem Tee eingeladen. Dann war ich nach der Aufregung plötzlich schlagartig so müde. Die Sekretärin sagte: „So lasse ich Sie nicht mehr fahren", und sie bot mir das Sofa an. Dann ...

Die Frau unterbricht ihn aufbrausend: „Jetzt lüg mich doch nicht so schamlos und dreckig an! Du bist doch wieder die ganze Nacht im Büro am Computer gesessen und hast versucht, das neue Programm zum Laufen zu bringen!"

Die Struktur der äußeren Interaktion wird zur Struktur des inneren Dialogs

Vom russischen Psychologen Wygotski stammt das Konzept, dass die Struktur der äußeren Interaktion zur Struktur des inneren Dialogs wird. Also, so wie außen mit einem umgegangen wird, dementsprechend bildet sich aus, wie man mit sich selbst umgeht und wie man später auch wieder mit anderen umgeht.[67]

Betrachten wir einmal unter diesem Gesichtspunkt das folgende Gespräch.

☞ Die besorgte Mutter bespricht ihre Erziehungsprobleme mit ihrer besten Freundin: „Ich glaube, ich erziehe meinen Klaus zu streng." Die Freundin fragt nach, wieso sie den darauf komme. „Na gut", sagt die Mutter, „neulich, zu seinem dritten Geburtstag, war ich mit ihm auf dem Rummelplatz. Da habe ich ihn aus den Augen verloren, und schließlich musste ich ihn auf dem Polizeirevier abholen. Und er hatte den Polizisten erzählt, dass sein Name Klaus Lassdas sei.

☞ Ähnlich erging es dem Sohn des Mafiabosses. Abend für Abend kniete er betend vor dem Jesus-Bild: „Ach, lieber Herr Jesus, mach doch, dass ich ein Rennrad bekomme!" So verging Tag für Tag, jedoch der Herzenswunsch nach dem Rennrad erfüllt sich nicht. Der Junge schlich schließlich in die Kirche und stahl eine Madonnenfigur. Diese verpackte und verschnürte er sorgfältig und versteckte sie auf dem elterlichen Speicher. Dann kniete er wieder vor das Jesus-Bild: „Also, lieber Herr Jesus, wenn du deine Frau Mutter jemals wiedersehen willst ..."

Die Struktur der Magie oder „Die Kommunikation der Meister"

Struktur der Magie ist ein Buchtitel von Grinder und Bandler. Die Erfinder des NLP gingen davon aus, dass die zauberhafte Schnelligkeit und Sicherheit plus verblüffenden Erfolge der alten Meister der Psychotherapie keine Zauberei seien, sondern dass dahinter lehr- und lernbare Prinzipien steckten. Sie analysierten und interpretierten die Kommunikation von Altmeistern der Psychotherapie wie Erickson, Perls oder Satir. Später wurde diese Methode, komplexes Therapeutenverhalten zu analysieren und in Schritte zu unterteilen, auch auf andere Meister der Kommunikation angewandt. Manche Kollegen meinen, dass in der Interpretation oft über das Ziel hinausgeschossen und zu viel Magie in die Kommunikation „hineingeheimnisst" wird.

Wie schwer es ist, der komplexen verbalen und nonverbalen Kommunikation wirklicher Meister zu folgen, zeigt die folgende Geschichte, die Isaac Asimov überliefert hat. Die Geschichte erinnert auch an die alte Weisheit, die da lautet: „Alles auf der Welt hat seine Bedeutung, die weit über dieselbige hinausgeht."

☞ Rom. Im Mittelalter. Der Papst möchte die Juden aus Rom vertreiben. Die Situation eskaliert. Ein Bürgerkrieg droht. Schließlich bietet der Papst eine öffentliche Debatte mit einem Vertreter der Juden an. Gewinnen die Juden die öffentliche Debatte, dürfen sie bleiben. Gewinnt der Papst, so müssen sie gehen. Aber keiner der Rabbinner ist bereit, sich der Diskussion zu stellen, da es alle für ein dummes Spiel halten, in eine

Diskussion einzutreten, in der der Papst gleichzeitig Teilnehmer und Schiedsrichter ist.

Schließlich meldet sich der Synagogendiener und bietet an, mit dem Papst zu diskutieren. Die Rabbiner sind anfangs nicht einverstanden, da es sich eigentlich nicht geziemt, dass der Synagogendiener eine so wichtige Sache vertritt und mit dem Papst diskutiert. Da aber sonst niemand gegen den Papst unter diesen Bedingungen antreten will, stimmen sie schließlich zu.

Der Tag der Debatte ist da. Nur: Der Papst ist sich unterdessen seiner Sache auch nicht mehr so ganz sicher. Er hat Zweifel, ob er in jedem Fall gegen die talmudgeschulten Juden mit ihrer Rhetorik und Fähigkeit, Paradoxe zu benutzen, öffentlich bestehen kann. Da er die Spielregeln bestimmen kann, legt er fest, dass komplett nonverbal diskutiert wird.

Die Debatte beginnt:

Der Papst ballt die Faust und zeigt mit erhobenem Zeigefinger energisch in Richtung Himmel. Der Synagogendiener zeigt genauso energisch auf die Erde. Der Papst reagiert sofort und zeigt wieder mit dem Zeigefinger zum Himmel. Der Synagogendiener erhebt die rechte Hand und zeigt mit entschiedener Gestik drei Finger. Der Papst kommt etwas ins Stocken. Aber nach nur kurzem Zögern greift er in seinen Mantel und zeigt einen wunderbar runden, roten Apfel. Ohne Zögern greift der Synagogendiener in seinen Mantel und zieht etwas umständlich eine Tüte hervor. Er öffnet die Tüte und zeigt ein jüdisches Fladenbrot. Der Papst senkt den Kopf und sagt: „Sie haben gewonnen."

Der Papst zieht sich mit den erschütterten Kardinälen zurück. „Tut mir Leid", sagt er, „der Mann war extrem schlagfertig, das war ein Meister des Debattierens. Ich hatte keine Chance." Die Kardinäle fragen, was denn vorgegangen sei, denn keiner hat verstanden, was ablief. Der Papst analysiert den Ablauf: „Das war doch offensichtlich. Ich habe mit dem Zeigefinger zum Himmel gezeigt und damit gesagt: ‚Es gibt nur einen Gott.' Mein jüdischer Kontrahent hat gekontert, indem er auf den Boden zeigte: ‚Es gibt jedoch auch einen Teufel in der Hölle.' Und was soll ich da sagen? Das ist ja schließlich unser eigener katholischer Glauben. Dann habe ich gesagt: ‚Gott ist jedoch mächtiger.' Und der jüdische Kollege hat mit drei erhobenen Fingern geantwortet: ‚Aber nur weil es der dreieinige Gott ist.' Und was soll ich da sagen, das ist doch schließlich unser eigener Glaube. Dann wollte ich ihn reinlegen und zeigte ihm einen Apfel als Symbol für diese Irrlehre, dass die Erde eine Kugel sei. Und was macht er? Er zeigt mir ein Fladenbrot und sagt damit, dass die Erde in Wirklichkeit eine Scheibe sei. Ja – und da hatte ich verloren."

Aber auch die Rabbinner waren verdutzt und ratlos angesichts des Ablaufs der Debatte und vor allem angesichts der zauberhaften Geschwindigkeit, mit welcher der Synoagogendiener das Blatt zu ihren Gunsten wenden konnte. Sie befragten ihn, wie er das gemacht habe. Der sagte: „Meiner Meinung nach war das Ganze eine Farce. Zuerst zeigte mir der Papst seine Faust mit erhobenem Finger und drohte: ‚Ihr fliegt raus aus Rom.‘ Da zeigte ich ihm aber, dass wir auf jeden Fall dableiben. Dann zeigte er noch mal seine Faust mit erhobenem Finger und sagte: ‚Und ihr fliegt trotzdem raus.‘ Da sagte ich ihm: ‚Das kannst du noch dreimal sagen, und wir bleiben trotzdem da.‘ Ja, und was macht er dann? Er greift plötzlich in seinen Mantel und zeigt mir seine Vesper. Dann habe ich ihm meine Vesper gezeigt.“[68]

Suchprozesse

Suchprozesse ist ein Begriff aus der Hypnotherapie. Der Therapeut versucht, bei dem Klienten Suchprozesse in Richtung Problemlösung anzustoßen. Beispielsweise wird dem Klienten eine Geschichte erzählt, die nicht gleich und offensichtlich die Botschaft erkennen lässt. Der Klient macht sich auf die Suche nach dem Sinn und hat über seine inneren Suchprozesse oft originelle eigene Lösungsideen.

Solche Suchprozesse kommen im Alltag häufig vor, wie folgendes Geschehnis zeigt, das schon einige Jahrzehnte zurückliegt.

☞ Ein großes Passagierschiff ist in nördlichen Gewässern mitten im Winter auf der Fahrt in die USA. Das Ruder ist blockiert, und das Schiff treibt langfristig auf einen riesigen Eisberg zu. Die Wahrscheinlichkeit, dass das Schiff bei diesem Zusammenstoß zerbrechen wird, ist sehr hoch. Der Kapitän ruft einen einzelnen Passagier zu sich und erklärt ihm die Lage „Ich weiß, Sie sind der Weltklassezauberer Walter Uloni, und Sie sind unsere einzige Rettung. Unser Schiff zerbricht in circa 30 Minuten mit großer Wahrscheinlichkeit an einem Eisberg. Das ist ausnahmsweise kein besonderer Grund zur Panik, da bereits andere Schiffe Kurs auf uns haben und auch rechtzeitig eintreffen werden. Unser Problem ist, dass alle Passagiere im Ballsaal sind und, wenn die Situation zu früh bekannt wird, eine Panik ausbrechen kann. Das kann zu extrem unbesonnenen Reaktionen führen, Leute werden vielleicht zu Tode getrampelt, Rettungsboote könnten beschädigt werden, vielleicht springen einige in Panik über Bord usw. Bitte gehen Sie in den Ballsaal, und machen Sie spontan eine Show, sodass die Leute abgelenkt sind und niemand auf die Idee kommt, an der Reling zu stehen. Vielleicht sind die anderen Schiffe auch noch rechtzeitig da. Wenn nicht, und der Aufprall steht unmittelbar bevor, dann gebe ich Ihnen ein Zeichen, und Sie kündigen an, dass jetzt die große Nummer folgt und Sie das Schiff in zwei Teile zerbrechen lassen. Bis die Leute merken, dass dies kein cleverer Zaubertrick ist, sondern Realität, haben wir die größte Gefahr bezüglich einer Panik im Griff, und die meisten sitzen in den Rettungsbooten.

Der Zauberer tut, wie ihm geheißen: Er lässt Karten verschwinden, liest Gedanken. Kurz – er fesselt die Aufmerksamkeit des Publikums. Eine halbe Stunde vergeht, und plötzlich gibt der Kapitän das verabredete Zeichen.

Der Zauberer sagt: Und als meine letzte Nummer und als Höhepunkt der Show werde ich dieses Schiff in zwei Teile zerbrechen lassen, und wir werden uns alle zu den Rettungsbooten bewegen. Er tätigt mit seinen Armen eine mächtige feierliche Geste. Durch das Schiff geht ein heftiger Ruck, begleitet von einem hässlichen Geräusch. Innerhalb von Minuten läuft das Schiff voll, und die meisten sind in den Rettungsbooten. Andere Schiffe sind auch schon da und nehmen die Passagiere auf. Die meisten Passagiere sind zu konfus, um wirklich beängstigt zu sein. Der Magier hängt an der Reling und wartet, bis er in eines der letzten Rettungsboote steigen kann. Er friert und zittert. Einer, der schon im Rettungsboot sitzt, fragt ihn mit einem leicht konfusen, nach Orientierung suchenden Blick: „Sind Sie nicht der Zauberer, der mit dem letzten Trick das Schiff in einen Eisberg krachen ließ? Was war jetzt eigentlich der Trick dabei?“[69]

Diese Geschichte wäre längst in Vergessenheit geraten, wenn nicht zwei der Passagiere vermisst gewesen wären. Der eine der beiden hatte sich auf den Konzertflügel gerettet, der im Meer schwamm. Ein anderer schwamm heran und fragte: „Darf ich Sie begleiten?" Nach einigen Stunden im eisigen Meer gelang es den beiden, auf einen riesigen Eisberg zu klettern. Plötzlich stupfte der eine den anderen an: „Du, wir sind gerettet! Da vorne kommt die Titanic."

Symbolik

Symbole werden seit undenklichen Zeiten in der Menschheitsgeschichte eingesetzt. Der Totempfahl, das Kreuz, die Nationalhymne oder ein Wappen sind Beispiele dafür. Auch Psychotherapeuten benutzen Symbole in ihrer Arbeit, um effizient Veränderungsprozesse anstoßen zu können. In welche peinliche Situation derjenige kommen kann, der die Sprache der Symbole nicht beherrscht, zeigt die folgende Geschichte.

☞ Es ist Mitte November. Ein Mann im Mantel betritt die Bank und geht in Richtung Kasse. Er stellt sich in die Schlange. Als er an der Reihe ist, gestikuliert er in Taubstummensprache auf den Schalterangestellten ein. Der Bankangestellte wird immer verzweifelter, die

Schlange immer länger und der Taubstumme immer erregter in seinen Gesten. Die Situation eskaliert, indem der Kunde in seine rechte Manteltasche greift und einen Tannenzweig auf den Tresen legt. Dann greift er in seine linke Manteltasche und präsentiert ein Präservativ. Beide Gegenstände spielen im anschließend immer heftiger werdenden Gestikulieren eine Rolle. Nach einiger Zeit schließt der Bankmensch trotz großer Schlange seinen Schalter und eilt zu seinem Geschäftsführer. „Stellen Sie sich vor", erklärt er verzweifelt, „da ist ein Taubstummer, der wie wild gestikuliert und mir sogar ein Tannenzweig und ein Präservativ auf den Tresen legt. Haben Sie eine Ahnung, was der will?" Der Geschäftsführer antwortet, ohne groß zu überlegen: „Ja Mann! Denken Sie doch einfach mal nach! Der Mann will einen Überziehungskredit bis Weihnachten."[70]

Ähnlich verwirrt angesichts fremdartiger Symbole müssen auch jene beiden Indianer gewesen sein, die den Rauchzeichen nachgingen. Sie entdeckten einen Grillplatz. „Es riecht besser als bei uns", sagte der eine. Der andere antwortet: „Ja, aber es ergibt keinen Sinn."

Symmetrische Eskalation

Wenn in einer Beziehung zwei Parteien fortwährend versuchen, die andere zu dominieren, kommt es zur symmetrischen Eskalation. Für besonders fortgeschrittene Stadien benutzte Stierlin den Boxerbegriff „Clinch“.[71]

☞ Dass dieser Vergleich nahe liegend ist, erkannte auch schon jener kleine Junge, der im Fernsehen einen Boxkampf verfolgte. Am Schluss der Übertragung sagte er zu seinem Vater: „Von denen können du und Mami aber noch was lernen. Die geben sich am Schluss wenigsten die Hände.“

Kurze Zeit später wendet sich dieses Paar an eine Familientherapeutin, und diese wendet sich im Erstgespräch an die Frau: „Sie sagen, dass Sie schon seit über 15 Jahren ständig im Clinch liegen. Wann haben Sie denn zum ersten Mal einen großen Krach mit ihrem Mann?“ Die Frau antwortet: „Das war, als er unbedingt mit aufs Hochzeitsfoto wollte.“[72]

Einige Clinch-Jahre später steht das Paar vor dem Scheidungsrichter. Dieser wendet sich an den Mann: „Ihre Frau wirft Ihnen vor, dass Sie volle zwei Jahre kein einziges Wort zu ihr gesagt hätten. Entspricht dies den Tatsachen?“ Der Mann antwortet: „Ja. Ich wollte sie nicht unterbrechen.“

Manchen Paaren gelingt es jedoch auch, mit beiderseitigem Schweigen in einem lautlos verbissenen Clinch zu verharren, wie der folgende Witz zeigt.

☞ Das Ehepaar schweigt bereits seit über zwei Wochen. Sie kommunizieren bezüglich des Allernotwendigsten mit Zetteln. Als die Frau schon im Bett liegt, bekommt der Mann einen wichtigen Anruf seiner Firma, dass er morgens in aller Frühe zu einem sehr bedeutenden Geschäftstermin nach Skandinavien fliegen soll. Der Wecker befindet sich im gemeinsamen Schlafzimmer. Der Mann hat der Frau geschworen, dass er das Schlafzimmer nicht betreten werde, bevor sie sich für jenen Anlass entschuldigt hat, an den er sich schon nicht mehr erinnern kann. Aber er weiß, dass die Frau frühmorgens zur Arbeit muss, und legt ihr einen Zettel hin. „Bitte wecke mich um 6 Uhr 30, ich muss mit der ersten Maschine dringend nach Stockholm.“ Um 8 Uhr wacht er auf und sieht geschockt, dass es bereits hell ist. Dann sieht er den Zettel auf seinem Nachttisch: „Es ist 6 Uhr 30. Es ist Zeit zum Aufstehen.“

Manchen Paaren gelingt es, diese individuelle Clinch-Perspektive noch um eine zeitgenössischen Macho-Feminismus-Perspektive zu bereichern.

☞ So, wenn er sie mit der Frage provoziert: „Was macht ein echter Mann, wenn seine Frau keinen Orgasmus hat?" Und gleich die Antwort mitliefert: „Gar nichts. Denn dem echten Mann ist das egal."

Und wenn sie dann antwortet: „Was ist die Definition von ‚zu klein'?" Und nachschiebt: „Ist er noch drin?"

Wenn ich nicht neulich den tröstlichen Spruch entdeckt hätte: „Es ist gut, dass es die Institution der Ehe gibt, sonst müssten wir womöglich ein Leben lang gegen völlig wildfremde Menschen kämpfen", hätte ich dieses Kapitel aus Rücksicht auf Fröhlichkeit der Leserschaft nicht in dieses Buch aufgenommen.

Oder wie hat einmal ein Büttenredner an der Karlsruher Fasnet gesagt: „38 Jahr bin ich jetzt mit meiner Emma verheiratet. Aber die ersten vier Wochen möcht ich nicht missen, gell."

Symptomverschiebung

Symptomverschiebung ist ein psychoanalytisches Konzept, das davon ausgeht, dass zum Beispiel bei oberflächlich-suggestivem Wegzaubern von Symptomen, ohne dass auf tiefer liegende Ursachen eingegangen wird, andere Symptome auftauchen können.

Die folgende Geschichte wirft auch ein neues Licht auf die Frage, warum Freud damals eigentlich die Hypnose verworfen hat.

☞ Ein Mann Mitte 40 kommt als Patient zu Freud und berichtet, dass er seit wenigen Wochen Bettnässer sei. Er habe stereotyp denselben Traum. Ein kleines, grünes Männchen setze sich jeweils auf die Bettkante und sage mit intensiver Stimme: „Du musst pinkeln, du musst pinkeln! Du wirst pinkeln, und du wirst pinkeln! Du wirst pinkeln und pinkeln. Pinkeln. Pinkeln!" – „Und", sagt der Mann, „dann wache ich auf und stelle fest, dass ich ins Bett gepinkelt habe." Freud hypnotisiert den Mann und suggeriert ihm, dass er im Traum zu dem grünen Männchen sagt: „Ich muss nicht pinkeln. Ich werde nicht pinkeln. Ich pinkle nicht."

Der Mann kommt zur nächsten Stunde und sagt: „Es ist alles noch viel schlimmer geworden. Ich hatte wieder diesen Traum. Bevor das grüne Männchen anfangen konnte zu sprechen, sagte ich: ‚Ich muss nicht pinkeln, ich werde …‘ Und da unterbrach mich das grüne Männchen und sagte: ‚Wer redet den von Pinkeln? Du musst kacken, und du wirst kacken …‘“

Triangulation

Dreiecksbildung oder Triangulation ist ein Begriff aus der Familientherapie und besagt, dass, wenn zwei einen Konflikt haben, sie zur Lösung gerne einen Dritten hinzunehmen. Dieser Dritte kann ein Therapeut sein oder ein Kind oder eine Freundin.

Ein besonderer Fall von Triangulation zeigt sich bei folgender Geschichte.

☞ Der Chefarzt der Psychiatrie macht eine Führung durch sein Haus. Die Besucher dürfen einen Blick in ein Einzelzimmer werfen. Ein etwas verwirrt aussehender Mann sitzt auf einem Stuhl und hält eine lebensgroße Holzpuppe mit strohblondem Haar auf seinem Schoß. Er herzt und küsst die Puppe ununterbrochen.

Der Chefarzt analysiert: „Dieser Mann war vor vielen Jahren unsterblich in eine blonde Frau verliebt. Sie hat aber dann einen anderen geheiratet. Der Mann hat seine Liebe auf die Holzpuppe verschoben und denkt, sie sei diese Frau.“

Die Führung geht weiter. Das nächste Zimmer direkt nebenan ist komplett ausgepolstert, und der Patient läuft permanent mit dem Kopf gegen die Wand und stößt Mitleid erregende Laute aus.

Die Besucher fragen: „Und was ist mit diesem Mann?"

Der Chefarzt sagt: „Das ist der Mann, der die Frau geheiratet hat."[73]

Die Überlappungstechnik

Die Überlappungstechnik *(overlapping)* ist ein Begriff des NLP. Bei imaginativen Prozessen steuert der Therapeut den Prozess so, dass von einem Sinneskanal ausgegangen wird und dann zunehmend andere Sinneskanäle mit einbezogen werden. „Während Sie dieses Bild sehen, was können Sie dabei hören ...?" usw. wäre eine typische Formulierung, wodurch eine Intensivierung des Erlebten erreicht wird. Die Vorstellungen werden dadurch immer plastischer und realer. Auch Filmemacher benutzen diese Methode, indem sie das Erleben der visuellen Bilder mit entsprechender Musik untermalen.

☞ So war es auch bei jenem Kriegsfilm. Das Drama war visuell und auditiv vorbereitet, und das Schlachtgeschehen steigerte sich von Minute zu Minute. Ein Kinozuschauer lebte intensiv mit und ließ vor Aufregung einen recht intensiven Furz. Zwei Reihen weiter sagt ein Mann zu seiner Partnerin: „Du – ich glaube, jetzt haben sie auch noch das Scheißhaus getroffen."

Jedoch auch in erotischen Filmen werden verschiedene Sinnesebenen angesprochen, und dabei erhebt sich die Frage, ob man sexuelle Erregung auch hören kann. Die Antwort „Stoßseufzer" zeigt, dass das Wissen über „vielschichtige Überlappungsphänomene" schon eine lange Tradition hat.

Das erinnert mich an einen Witz aus dem Buch *The Tasteless Jokes*. Dieses Buch hat ja schon an sich einen „sinnlichen" Titel. Dort fand ich, wie es der Titel des Buches schon ahnen lässt, den wirklich geschmacklosen Witz: „Warum stinken Fürze? – Damit Blinde auch was davon haben." Das Wort Blinde durch Taube zu ersetzen, würden den Overlapping-Faktor wenig intelligent reduzieren.

☞ Bekannter ist vermutlich der Witz, bei dem zwei neureiche Damen in das neu eröffnete Opernhaus gehen. Die eine sagt: „Ich finde, hier hat es eine ziemlich schlechte Akustik." Die andere hält inne und meint: „Jetzt, wo Sie es sagen, rieche ich es auch."

Abschließend möchte ich von diesem Opernhaus aus noch weiter assozieren und zu Beethoven kommen. Wussten Sie eigentlich: „Beethoven war ein Leben lang so taub, dass er dachte, er sei ein Maler."[74]

Utilisation

Utilisation ist einer der zentralen Begriffe ericksonscher Hypnotherapie.[75] Er besagt, dass zentrale Eigenschaften und Eigenheiten von Klienten nicht nur analysiert und diagnostiziert werden, sondern versucht wird, diese für therapeutische Ziele zu nutzen. Beispiel: Ein Psychotiker hält sich für Jesus. Erickson spricht ihn an: „Ich habe gehört, Sie haben gewisse Erfahrungen als Zimmermann." Erickson beauftragte dann den Mann, ein Bücherregal für die Klinik zu bauen.

Dieses Prinzip wird manchmal intuitiv auch von Eltern und Berufsberatern angewandt, wie folgende Geschichte zeigt.

☞ Die Eltern kommen mit dem kleinen Maxi zur Berufsberatung und lassen ihren Sohn testen. Danach kommt es zum Gespräch. „Hat ihr Sohn besondere Vorlieben oder Fähigkeiten?" – „Er mag Tiere so gern", sagte die Mutter, „und da haben wir schon darüber nachgedacht, ob nicht Metzger das richtige für ihn sein könnte."

Auch Immobilienhändler haben von diesem Prinzip schon gehört:

☞ Der Immobilienhändler preist ein Kaufobjekt an: „Bei diesem Wohnhaus haben Sie einen großen Vorteil. Unweit im Norden liegt die Ölraffinerie, im Süden die Fischmehlfabrik, im Osten eine Hühnerfarm und im Westen die Mülldeponie." Der Interessent, etwas entsetzt: „Und wo liegt da der große Vorteil?" Der Immobilienhändler: „Sie wissen immer gleich, woher der Wind weht."

Verdichtung und Verschiebung

(von Fritz B. Simon)[76]

Freuds Amseln

Man mag über Freud denken, was man will, eines ist unbestreitbar sein Verdienst: Er hat sehr genau die Logik unbewusster Prozesse beschrieben. Sie sind nicht nur die Grundlage der psychoanalytischen Traumdeutung, sondern auch – in umgekehrter Richtung – des hypnotherapeutischen Gebrauchs von Metaphern und Geschichten. Die beiden wesentlichen unbewussten Mechanismen basieren auf relativ einfachen logischen Prinzipien. Bei der „Verdichtung" wird an die Stelle des Begriffs, der für eine Klasse steht, ein Begriff gesetzt, der für das Element der Klasse steht (dann wird zum Beispiel Deutschland als Preußen bezeichnet). Bei der „Verschiebung“ wird ein Element einer Klasse durch ein anderes Element derselben Klasse ersetzt (dann werden z. B. Bayern als Preussen bezeichnet).

Diese einfachen Bauprinzpien des Unbewussten zu kennen ist von hoher praktischer Wichtigkeit; wie sie entdeckt wurden, ist darüber hinaus von hohem wissenschaftsgeschichtlichem Interesse. Bislang sind nämlich die Umstände, wie Freud zu seiner genialen Idee kam, viel zu wenig bekannt und analysiert. Die Geschichte spielte sich folgendermaßen ab.

☞ Eines Tages kam ein sehr erregter Patient zu Freud; er konnte sich kaum fassen und stammelte stets nur, er habe solche Schuldgefühle. Von Freud befragt, was ihm denn solche Schuldgefühle mache, erklärte er, er habe seine Frau geamselt. Darauf Freud: „Sie haben Ihre Frau gevögelt! Eigentlich dürfen sie das ja. Mal sehen, was ihnen dazu aus Ihrer Kindheit einfällt!“ Daraufhin der Patient: „Nein, nicht gevögelt, geamselt!“ Freud: „Sie sind im Widerstand!“ Der Patient: „Nein, nicht gevögelt – gedrosselt!“

Freuds Irrtum macht deutlich, dass sexuelle Motive nicht immer unbewusste Prozesse verständlich werden lassen. Aber wer wollte ihm das in diesem Falle übel nehmen ... (siehe auch: F. B. Simon: *Instant Research im Bereich Geschichte der Psychoanalyse*).

Vertiefung

Zur Vertiefung des Trancezustandes kennt der erfahrene Hypnosetherapeut verschiedene Techniken. Die einen suggerieren die Vertiefung direkt: „Sie gehen immer tiefer. Sie sinken immer tiefer, immer tiefer." Andere Therapeuten benutzten eher Bilder wie eine Treppe hinuntersteigen in einen Pool mit warmem Wasser. Die folgende Geschichte mit eingestreuten Suggestionen sollte jedoch nur der erfahrene Praktiker als Vertiefungstechnik benutzen.

☞ Oberförster Fuchs sitzt in einer Runde von Berufskollegen. Das Jägerlatein wird immer extremer, und schließlich beginnt auch unser Oberförster, ein Erlebnis zum Besten zu geben:

„Mein intensivstes Jagderlebnis war im Herbst 1983. Ich war einem Zwölfender auf der Spur. Die Jagd ging den ganzen Tag. Die Zeit hatte ich längst vergessen [Zeitverzerrung]. Die Nacht brach schlagartig herein, und es war bald ziemlich dunkel. Ich konnte den Weg nicht mehr finden, und dann geriet ich in einen Sumpf. [Unser Erzähler macht hier ein kunstvolle Pause und fährt dann fort.] Ich kann euch sagen, ich sank und sank langsam immer tiefer und immer tiefer. Bis zur Hüfte steckte ich schon im Schlamm und immer noch: Ich sank tiefer und tiefer ganz allmählich. Dann begann ich, um Hilfe zu schreien. Aber wer sollte mich auch hören? So sank ich immer tiefer und tiefer."

„Und", fragten die Kollegen gebannt, „wer hat dich gefunden und gerettet?"

Der Oberförster: „Niemand. Ich erstickte."[77]

Vielgerichtete Parteilichkeit

Allparteilichkeit oder vielgerichtete Parteilichkeit ist ein Prinzip der Familientherapie. Es besagt, dass der Therapeut nicht einseitig Partei für einen in der Familie oder einen Teil der Familie ergreifen darf, sondern eine neutrale Position einzunehmen hat.

Die folgende, wohl vielen bekannte Geschichte zeigt diese Haltung.

☞ Ein Rabbi hält in seinem Wohnzimmer regelmäßig als Dorfrichter Gerichtssitzungen ab. Eines Vormittags kommt ein höchst erregter Dorfbewohner und schildert die Untaten eines seiner Nachbarn. Der Rabbi hört sich alles an und sagt am Ende: „Da hast du aber Recht."

Kaum zwei Stunden später taucht der Nachbar auf. Er schildert in allen Einzelheiten, was sich der andere alles hat zuschulden kommen lassen. Der Rabbi hört wiederum aufmerksam zu und sagt schließlich: „Da hast du aber Recht."

Die Frau des Rabbis, die aus der Küche das Geschehen mitverfolgt hat, betritt das Wohnzimmer und stellt ihren Mann zu Rede: „Sag mal, bist du eigentlich noch bei Trost? Erst kommt die eine Seite, und du sagst: ‚Da hast du aber Recht.' Bald darauf kommt die Gegenseite, und auch da sagst du: ‚Da hast du aber Recht.' So geht das doch nicht! Das kannst du doch im Ernst nicht machen!" Der Rabbi denkt eine Weile nach und sagt: „Da hast du aber Recht."

Aus anderer Perspektive wirft die folgende Geschichte ebenfalls ein Licht auf das Prinzip der Allparteilichkeit.

☞ Ein Wanderer wandert in der Schweiz. Hoch oben in den Bergen kommt er zu einer kleinen Bergalm. Dort trifft er einen Bauern. Auf der Weide vor dem Haus stehen zwei Kühe. Der Wanderer sucht mit dem Bauern das Gespräch und eröffnet: „Da haben Sie aber zwei sehr schöne Kühe!" Der Bauer antwortet: „Oh ja, die weiße Kuh ist wirklich ein Bild von einer Kuh. Wenn Sie mal das Gesicht und die wunderbare Zeichnung im Fell beachten." Er schwärmt noch eine Weile, und der Wanderer sagt: „Und die braune Kuh? Ist das nicht auch eine schöne Kuh?" Der Bauer: „Ha, doch. Die braune Kuh – eigentlich ist die braune Kuh auch eine sehr schöne Kuh." Der Wanderer hakt nach: „Geben die auch Milch?" Der Bauer ist kaum zu bremsen: „Also, die weiße Kuh, das ist eine so unglaublich gute Milchkuh! Die gibt 60–80 Liter am Tage. Das ist unglaublich. Und vor allem die Qualität der Milch, der Sahnegehalt ...!" Der Wanderer unterbricht: „Aha, die braune Kuh ist aber keine so gute Milchkuh?" Der Bauer: „Ha, doch. Eigentlich ist die braune Kuh auch eine sehr gute Milchkuh. Die gibt eigentlich auch so 60–80 Liter am Tag, und auch der Sahnegehalt ist ganz vorzüglich." Die beiden reden eine Weile über dies und das. Der Wanderer schaut sich um und sagt schließlich: „Sie haben aber ganz schöne Steilhänge hier. Da ist doch praktisch nichts drin mit Landmaschineneinsatz. Nehmen Sie denn Ihre Kühe auch zu Feldarbeiten?" – „Au", sagt der Bauer, „au, das mache ich bei so guten Milchkühen wirklich sehr ungerne. Aber wenn es doch einmal sein muss – ich kann Ihnen sagen: Die weiße Kuh ist dermaßen willig. Die ist so gelehrig! Wie die den Pflug zieht, das ist eine wahre Freude." Der Wanderer sagt: „Aha. Die braune ist für die Feldarbeiten also weniger geeignet."

Der Bauer: „Ha, eigentlich ... eigentlich – die braune Kuh ist eigentlich auch sehr gelehrig und sehr willig beim Pflugziehen."

Der Wanderer unterbricht verwundert: „Da muss ich jetzt aber doch mal etwas sagen. Sie loben immer so die weiße Kuh. Dabei ist doch die braune Kuh eigentlich genauso gut." – „Na ja", sagt der Bauer. „Die weiße Kuh ist halt meine Kuh." Der Wanderer: „Ach so. Jetzt ist mir manches klar. Die weiße Kuh ist Ihre Kuh. Das ergibt natürlich eine ganz andere Beziehung. So zum eigenen Tier. Und wem gehört die andere Kuh?" Der Bauer: „Ha, die braune. Eigentlich ist die braune Kuh auch meine Kuh."[78]

Visuelles Vorstellungsvermögen

Ein gut entwickeltes visuelles Vorstellungsvermögen ist bei der therapeutischen Arbeit mit imaginativen Verfahren sehr hilfreich. Je plastischer sich jemand Dinge vorstellen kann, desto intensiver das Erleben.

Mit der folgenden Frage können Sie ihr visuelles Vorstellungsvermögen überprüfen.

☞ Was sagt die Frau, die Sperma an der Brille hat?

Das habe ich kommen sehen.

Als ich diesen Witz auf einer Tagung einem bekannten Bremer Zahnarzt erzählte, fragte er zurück: „Und was hätte die Frau noch sagen können? – Das hätte auch ins Auge gehen können."[79]

Einige Jahre später gab es eine Fernsehwerbung, in der ein Spülmittel für Weingläser beworben wurde. Die zentrale Botschaft am Ende war: „So müssen die Gläser aussehen, dann klappt's mit dem Nachbarn."

Vom Teil und dem Ganzen

Das Verhältnis vom Teil und dem Ganzen ist ein Thema, das dem Psychotherapeuten in vielfältiger Weise in Systemtheorie, Philosophie, Ökologie, Gestaltpsychologie usw. begegnet.

Dieses Thema wird in folgender Begebenheit in seltener Prägnanz sichtbar.

☞ Ein Schwein steht vor der Steckdose und fragt: „Na, Kumpel, wer hat dich denn da eingemauert?"

Auf etwas anderer Ebene beleuchtet der nachfolgende Witz das Thema.

☞ Ein Seemann wird in ein Krankenhaus eingeliefert. Schwester Heidi kommt kurz darauf ins Schwesternzimmer und erzählt aufgeregt: „Der neue Patient wäscht sich gerade in seinem Zimmer. Er ist am ganzen Körper tätowiert. Sogar auf seinem Penis." Die anderen Schwestern können das kaum glauben. Aber Schwester Heidi bleibt dabei. Sie behauptet, dass es sich um ein Wort handeln müsse, das der Seemann sich habe auf sein Glied tätowieren lassen. „Rumbalotte" oder so ähnlich würde das Wort lauten. Schwester Helga lässt das Thema nicht in Ruhe. Auch sie geht in das Zimmer des neuen Patienten und kommt nach einiger Zeit zurück. „Zum Teil muss ich dir recht geben, Heidi, aber nur zum Teil", sagt sie, „er ist tatsächlich am ganzen Körper tätowiert, auch an besagtem Körperteil. Es heißt aber nicht ‚Rumbalotte', sondern ‚Ruhm und Ehre der baltischen Flotte'."

Wie wichtig dieses Thema vom Teil und dem Ganzen ist, zeigt sich auch daran, dass es zu diesem Witz eine ungewöhnliche Häufung von Versionen gibt.

☞ In einer dieser Versionen wird Boris Becker in der Klinik eingeliefert. Die eine Schwester behauptet, dass Boris am Penis tätowiert sei und dass er das Wort „Aids" draufstehen habe. Die andere Schwester überprüft das und stellt fest, dass es nicht „Aids", sondern „Adidas" heißt.

Es gibt jedoch auch Versionen mit „Adam" und „Amsterdam" und eine amerikanische mit „Swan" und „Sasketschewan" (meines Wissens berüchtigtes Zuchthaus in Kanada).

Eine amerikanische Version hat auch ihre Reize. Da wird behauptet, es stünde „Wendy" auf dem Penis. Bei genaueren Nachforschungen stellt sich jedoch heraus, dass es in Wirklichkeit heißt: „Welcome to Jamaica and have a nice day."

☞ Ein Mann kommt zum Arzt und jammert: „Herr Doktor, wo ich auch hinlange, es tut mir schrecklich weh. Sehen Sie zum Beispiel hier. Aua! Oder hier: Auaaaa! Es ist furchtbar." In der Tat, wo immer der Mann mit seinem Finger auch nur leicht hindeutet, er schreit vor Schmerzen auf. Der Arzt nimmt eine umfangreiche Diagnostik vor. Nach Auswertung aller Befunde beruhigt er ihn: „Machen Sie sich keine Sorgen. Sie haben nur ihren Zeigefinger gebrochen."[80]

Abschließen möchte ich das Kapitel zum Thema „Der Teil und das Ganze" mit folgender Frage:

☞ Was ist der unsensibelste Teil des Penis? – Der Mann.[81]

Willkürlich und unwillkürlich[82]

Eine wichtige Unterscheidung in der Hypnotherapie ist das Begriffspaar „willkürlich" versus „unwillkürlich". Wir können ein Augenlid willentlich bewegen. Die meiste Zeit des Lebens geschieht dies jedoch unwillkürlich. Genauso können wir willentlich einatmen. Die meiste Zeit des Lebens regulieren sich die Atemfunktionen jedoch unwillkürlich von alleine.

Hypnotherapeuten arbeiten oft mit solchen unwillkürlichen Geschehnissen, zum Beispiel mit Armlevitationen oder mit ideomotorischen Fingersignalen. Das heißt dann, dass sich ein Arm oder ein Finger unwillkürlich, ohne bewusste Kontrolle, bewegt.

Um solche unwillkürlichen Bewegungsabläufe möglichst plastisch und lebensnah zu illustrieren, haben wir weder Kosten noch Müde[83] gescheut. Stundenlanges Quellenstudium in den schlechtesten Witzbüchern und Feldforschungen vor Ort haben uns fündig werden lassen. Wir verzichten diesmal auf gewisse Witze, um das Niveau zeitweise anzuheben (fraktionierte Vorgehensweise).

Also.

☞ Zwei Dachdecker decken ein Dach. Es beginnt zu regnen, und schließlich rutschen beide gemeinsam das Dach hinunter. Beide können sich gerade noch mit den Händen an der Dachtraufe festhalten. Sieben Stockwerke unter ihnen die Erde. Nur, die Traufe ist für diese Belastung nicht gedacht, und sie beginnt sich langsam nach unten zu biegen, und es ist eigentlich nur eine Frage der Zeit, bis der Winkel so ungünstig wird, dass man sich nicht mehr festhalten kann. In höchster

Not beginnt der eine, mitreißend zu singen: „An der Nordseeküste …“ Es war wirklich so mitreißend, dass er vermeiden konnte, mitgerissen zu werden.

Als Therapeuten können wir nur davon lernen, auch wenn es nur den wenigsten von uns gelingen wird, so mitreißend zu sein, dass unsere Klienten spontan in die Hände klatschen. Von dem Dachdecker, der sich mitreißen ließ, können wir lernen, dass es sich nicht immer lohnt, aufzufallen.

☞ Ein ganz anderes Problem hatte John Wayne, als er durch den Wilden Westen ritt und dringend ein Pissoir suchte. Er ging im nächsten Ort zum einzigen Saloon, band sein Pferd fest und betrat eilig den Gastraum. Er fragte den Wirt: „Entschuldigen Sie, haben Sie Einzelkabinen oder Gruppenpissoir?“ Und dieser antwortete: „Tut mir Leid, wir haben nur ein übliches Gruppenpissoir.“ Etwas gequält ritt John Wayne weiter. Im nächsten Ort dasselbe, auch hier keine Einzelkabine. Im dritten Ort betrat John Wayne schon etwas gebückt und vorsichtig den Saloon und stellte seine Frage. Der Wirt entgegnete, dass seines Wissens in der ganzen Gegend keine Einzelkabinen seien. John Wayne stöhnte und meinte: „Dann muss es eben sein.“ Er ging ins Gruppenpissoir und kam kurz darauf zurück. Rechtes Hosenbein total durchnässt, linkes Hosenbein total durchnässt. Der Wirt: „Oh Gott, was ist denn Ihnen passiert?" John Wayne: „Es ist jedes Mal dasselbe: Ich stelle mich in die Toilette, und der Mann links und der Mann rechts, beide drehen sich schlagartig zu mir und sagen wie aus einem Munde: ‚Sind Sie nicht John Wayne?'"

Von John Wayne können wir lernen, dass mit dem Bekanntheitsgrad die Chance steigt, unvermutet angepisst zu werden.

☞ Um zu etwas alltäglicheren Beispielen überzugehen: Häufiger soll es vorkommen, dass jemand morgens endlos im Kaffee rührt und rührt und rührt und dabei so tief in Gedanken versunken ist, dass es längst nichts mehr zu rühren gibt (siehe Kapitel *Monoideismus*). Etwas fortgeschrittener ist das Stadium dann, wenn jemand zum Arzt kommt und darüber klagt, morgens beim Frühstück immer dieses furchtbare Stechen im Auge zu haben. Der Arzt soll in diesem Fall mittels einer Intervention von unnachahmlicher Eleganz empfohlen haben, beim Trinken doch den Kaffeelöffel aus der Tasse zu nehmen.

Den folgenden Fall kann man jedoch mit Fug und Recht tragisch nennen.

☞ Beim HNO-Arzt kommt ein Notfallpatient mit zwei frisch verbrannten Ohren in die Praxis. Der Arzt: „Um Gottes willen, was ist Ihnen denn passiert?“ Der Patient: „Ich war gerade beim Bügeln, und da war ich wohl tief in Gedanken versunken. Ich bügelte und bügelte, und plötzlich klingelt das Telefon, und da nehme ich ganz automatisch das Bügeleisen ans Ohr.“ Der Arzt: „Aber wie um alles in der Welt können Sie sich dabei beide Ohren verbrennen?“ Der Patient: „Ich wollte Sie sofort anrufen.“

Aber auch bei Ärzten und Therapeuten soll es solche Automatismen geben. Die verständnisinnigen „Ahmmm“, „Ja“, „Aha“ etc. können von Berufsjahr zu Berufsjahr automatischer werden. So lange, bis man dann die fortgeschrittene Stufe jenes Arztes erreicht, der beim morgendlichen Krankenbesuch feststellte, dass sein Patient über Nacht gestorben ist. Er fragt die Witwe, wie es dem Patienten über Nacht gegangen sei, und die Frau sagt: „Er hat viel geschwitzt“, und der Arzt antwortet automatisch: „Schwitzen ist gut.“

Zählmethode

Einige Hypnotherapeuten benutzen, um die hypnotische Trance zu vertiefen, eine Zählmethode: „Und ich zähle bis 20, und mit jeder Zahl sinken Sie tiefer in

Trance ..." Einige benutzen diese Zählmethode auch zu selbsthypnotischen Induktionen, wie die folgende Geschichte zeigt.

☞ Auf einer Hypnosetagung sitzen zwei Kollegen abends um 22 Uhr 30 an der Hotelbar. Der eine trinkt mehrere Tassen Kaffee, sodass der Kollege erstaunt fragt: „Kannst du bei der Menge Kaffee eigentlich noch schlafen?" – „Keine Probleme, da habe ich meine eigene Methode", ist die Anwort. „Weißt du, ich mache das mit einer Mischung aus strengem Ritual und Zählmethode. Ich halte akribisch genau – egal wo ich bin – denselben Ablauf ein. Zuerst ziehe ich mich aus, dann lege ich immer dieselbe Musik auf, dann gehe ich ins Bad, um mir die Zähne zu putzen, und dann schaue ich noch exakt zwei Minuten aus dem Fenster, stelle die Musik und das Licht ab, lege mich ins Bett, und dann zähle ich bis zwei, und dann schlafe ich ein." – „Du zählst nur bis zwei? Bei der Menge Kaffee? Klappt denn das immer?"

„Na gut", gibt der Kollege zu, „manchmal zähle ich auch bis halb vier."

Zahnärztliche Hypnose

Spezialgebiet der Hypnose, das in Schweden von 80 Prozent der Zahnärzte beherrscht wird. In Deutschland wird es nur von einigen ganz mutigen Zahnärzten praktiziert.[84]

Durch welches Geschehnis bei uns die zahnärztliche Hypnose in Verruf kam, ist dagegen weniger bekannt.

☞ Eine als Hypnoseassistentin ausgebildete Helferin hypnotisierte eine im Zahnarztstuhl liegende Frau, die sich später einer schmerzhaften Prozedur unterziehen musste. Als die Frau eine zufriedenstellende Trancetiefe erreicht hatte, wurde der Zahnarzt verständigt, der in der Zwischenzeit an einem anderen Stuhl tätig gewesen war. Die Hypnoseassistentin fuhr geschickt fort: „… und während Sie hören, dass der Herr Doktor ins Zimmer kommt, können Sie mit jedem Schritt tiefer und tiefer entspannen, und Ihre linke Hand kann sich heben und heben.“ Die Helferin konzentrierte sich auf die Armlevitation und suggerierte schließlich, dass die Patientin den Mund entspannt öffnen kann. Der Herr Doktor begann sich schon über die Patientin zu beugen. Plötzlich bemerkte die Hypnoseassistentin, wie der Herr Doktor in eine kataleptische Ganzkörperstarre überging. Selten hatte sie ein so schlagartiges Eintreten in einen veränderten Bewusstseinszustand gesehen. Gleich darauf sah sie, dass die Patientin die edelsten Teile des Herrn Doktor fest im Griff hatte und leise sagte: „Gell, Herr Doktor, wir beide tun uns nicht weh.“

Und seither hat sich dieses fehlende Vertrauen in die Hypnose auch bis in tiefe Schichten des Zahnärzteschaftes eingegraben.

Zeit

Die Zeit ist in unserem Kulturkreis und damit auch in der Psychotherapie ein wichtiger Faktor. Es gibt bereits die Sigmund-Freud-50-Minuten-Uhr für den Therapeuten, es gibt Kurztherapie, Single-Session-Therapy und sicher bald auch die Ultrakurztherapie (UKT).[85]

Schon die Grundschüler werden auf die Wichtigkeit des Faktors Zeit aufmerksam gemacht, wie folgende Geschichte zeigt.

☞ Der Lehrer fragt, was schneller ist, Licht oder Schall. Ein Schüler meldet sich sofort: „Der Schall." Der Lehrer: „Wie kommst du denn darauf?" Der Schüler sagt, dass, wenn er zu Hause den Fernseher einschaltet, zuerst der Ton komme und erst später das Bild. Der Lehrer sagt: „Leider ein falsche Antwort."

Ein weiterer Schüler meldet sich: „Das Licht ist schneller, Herr Lehrer." – „Richtig! Und warum?" Der Schüler überlegt: „Wenn ich an meiner Kompaktstereoanlage den Power-Knopf drücke, leuchtet das Licht zuerst auf, und erst dann kommt der Ton."

Der Lehrer sagt: „Also, richtige Antwort, aber falsche Begründung. Ich frage noch mal, was ist also schneller, Licht oder Schall?“ Ein dritter Schüler meldet sich: „Das Licht.“ Der Lehrer fragt wieder nach einer Begründung: „Ja, wenn ich auf einem Berg stehe, und auf dem Berg gegenüber wird ein Schuss abgefeuert, dann sehe ich zuerst den Pulverdampf, und erst einige Zeit später höre ich den Schuss.“ Bevor der Lehrer verstärkungsgeschult sein Lob ansetzen kann, schiebt der Schüler nach: „Und das ist, weil die Augen weiter vorne sitzen als die Ohren.“

Der Lehrer geht einen Moment in sich (siehe auch Kapitel *Suchprozesse, gelernte Hilflosigkeit* und ähnliche) und beschließt, das Thema „schneller“ noch mal grundlegend anzusprechen.

So stellt er die Frage: „So, Kinder, was ist eigentlich ‚schnell‘? Nennt mir mal Beispiele!“ Karlchen meldet sich und sagt: „Also – wenn ich mit dem Zug von Rottweil nach Stuttgart fahre, und das dauert eine Stunde, so ist das schnell.“ Fritzchen meldet sich: „Ja, aber wenn ich von Stuttgart nach Hamburg fliege, und das dauert eine Stunde, so ist das schneller!“ – „Ausgezeichnet!“, lobt der Lehrer. Sebastian meldet sich. Der Lehrer sieht schon am Gesichtsausdruck, dass er eine besondere Antwort zu erwarten hat. „Sind die Hühner flach wie ’n Teller, war der Traktor wieder schneller.“ Um wieder etwas Ruhe in die Klasse zu bringen, wendet sich der

Lehrer an Maximilian. Maximilian ist der Sohn eines Philosophen und immer für besonders durchdachte Antworten gut. Maximilian schlägt seinen Atlas auf, fährt mit dem Finger von New York nach Moskau und sagt: „Wenn ich in Gedanken von New York nach Moskau gehe, dann ist das am schnellsten. Nichts ist schneller als ein Gedanke." Der Lehrer ist begeistert und lobt Mäxle. Freddy interveniert jedoch aufgeregt: „Das stimmt jetzt aber nicht! Neulich habe ich an der Nachbarwohnung gelauscht, und da hat unser Nachbar zu seiner Frau gesagt: „Jetzt bin i schneller komme, als i gedacht hab."

Der Lehrer wechselt über seine Befindlichkeit assoziativ auf das Thema Körpertemperatur und wiederholt aus der Biologie: „Also, der Mensch hat eine Körpertemperatur von 36–37 Grad, die Vögel haben eine Körpertemperatur von über 40 Grad, und die Tsetsefliege hat sogar ein Körpertemperatur von über 50 Grad. – Verdammt noch mal, Fritzle, pass doch mal auf, du hörst wieder mal nicht zu!" Fritzchen spielt beleidigt und behauptet, alles mitbekommen zu haben. Der Lehrer lässt ihn die Geschichte mit den Körpertemperaturen wiederholen. Fritzchen beginnt zögernd: „Der Mensch, äh, äh, hat, äh, eine Körpertemperatur von, äh, 36 Grad, äh, äh, und beim Vögeln eine Temperatur von über 40 Grad, und wenn die Fetzen fliegen, sogar über 50 Grad …"

Diese Technik wurde in der systemischen Familientherapie entwickelt. Dabei werden in Familien komplexe Fragen gestellt wie: Angenommen, die Oma wäre da: Was würde die Oma sagen, wie es der Mutter geht, wenn die Tochter wieder zu essen anfängt und dadurch der Vater sich wieder mehr auf den Beruf konzentriert?[86]

In welcher Situation diese vielschichtige Mischung – aus Informationen gewinnen und geben – entstanden ist, ist bisher weniger bekannt.

☞ Mara Selvini Palazzoli fuhr von einer Analytiker-Tagung von Zürich nach Mailand zurück. Sie saß zuerst alleine im Abteil. Dann kam ein junger Sizilianer und etwas später eine Mutter mit einer bildhübschen 18-jährigen Tochter. Schließlich kam ein junger norditalienischer Geschäftsmann, der einen etwas verächtlichen Blick auf seinen süditalienischen Landsmann warf und sich ebenfalls ins nun recht volle Abteil setzte. Nach einiger Zeit kam ein Tunnel, und es wurde dunkel im Abteil. Man hörte plötzlich ein schmatzendes Geräusch und unmittelbar darauf ein klatschendes. Der Tunnel war zu Ende, und auf der Wange des norditalienischen Geschäftsmannes konnte man die Fingerabdrücke der Ohrfeige sehen, die er eingefangen hatte. Im Abteil herrschte ein gespanntes Schweigen. Die Tochter verließ das Abteil, und Mara Selvini folgte ihr nach, um sie zu fragen, was eigentlich passiert sei. Die Tochter sagte, dass sie es nicht so genau wisse, aber vermutlich habe sie der nette Sizilianer küssen wollen und sei irrtümlich wohl an ihre Mutter geraten, und die habe ihm eine gescheuert. Kurze Zeit später verließ die Mutter das Abteil, um nach der Tochter zu suchen. Mara sprach auch die Mutter an, und die äußerte ihre Sicht der Vorfälle: „Der Geschäftsmann hat wohl meine Tochter küssen wollen, und die hat ihm eine gescheuert. Das habe ich ihr eigentlich gar nicht zugetraut." Kurz bevor Mara etwas ratlos das Abteil erreichte, kam ihr der Geschäftsmann entgegen, der auf der Toilette seine Wange kühlen wollte. „Es geht mich zwar nichts an, aber was ist eigentlich geschehen?" Der Geschäftsmann sagte: „Dieser unbeherrschte Sizilianer muss der Tochter wohl einen Kuss gegeben haben, und die dachte, ich sei es, und hat mir eine gescheuert." Mara setzte sich zu dem Sizilianer und schaute ihn fragend an. Dieser zwinkerte ihr zu und sagte: „Wenn wieder alle da sind, und es kommt nochmal ein Tunnel, dann schnalz ich noch mal und pump dem arroganten Schnösel nochmal eine rein."

Auf dieser Fahrt begann Mara darüber nachzudenken, ob ihr Einzelbefragungsetting soeben sich nicht als zu aufwändig und ineffizient erwiesen habe. Dies war die Geburtsstunde der systemischen Familientherapie und des zirkulären Fragens.

Zugangshinweise (accessing cues): Augenbewegungen

Konzept des NLP, das besagt, dass während Denk- und Vorstellungsprozessen typische Augenbewegungsmuster ablaufen. Zu visuellen Vorstellungen gehören andere Augenbewegungen als zu auditiven, zu Erinnerungen andere als zu neuen Vorstellungsfantasien, usw. Wer diese unbewussten Augenbewegungen lesen kann, kann Aufschlüsse über Art und Sequenz innerer Vorstellungsprozesse gewinnen und dadurch Folgerungen für die Kommunikation ableiten.[87]

Dass dies altes Volkswissen ist, das der Wissenschaft nur, wie so oft, zeitweise verloren ging, zeigt die folgende Geschichte.

☞ Allensbach macht im Schwabenland eine Untersuchung über den Gebrauch von Verhütungsmitteln im „Ländle". Die InterviewerInnen sind sorgfältig darin geschult, um peinliche Situationen zu vermeiden.

Es gibt auch Fragebogen, auf denen die Interviewten schnell selbst ankreuzen können. So klingelt eine der Interviewerinnen an einer Tür mitten in einem schwäbischen Dorf. Eine groß gewachsene Frau öffnet. Die Interviewerin erzählt, dass sie für Allensbach im Auftrag des Bundesministeriums für Gesundheit eine Repräsentativbefragung durchführt. Sie möchte schließlich wissen, ob die Frau bereit sei, auf die Frage nach Verhütungsmitteln zu antworten. Die Frau sagt resolut, da habe sie keine Probleme damit, und auch gleich, dass sie und ihr Mann nach der „Eimerle-Methode“ verhüten würden. Die Interviewerin ist verwirrt und legt den Fragebogen vor: „Ist das eine volkstümliche Bezeichnung für etwas, das ich hier auf der Liste habe?“ – „Noi, noi, wisse Se, das ist alles zu teuer, zu u'sicher oder zu u'gsund. Wisse Se, mei Mann isch ä Kopf kleiner wie ich. Und da stellt der sich immer uf unser kleines Putzeimerle. Und dann pass ich immer genau uf. Wenn er in dieser bestimmten Art mit den Augen zu drehen anfängt, dann geb ich dem Eimerle einen Tritt.“

Zukunftsorientierung

Neuere Ansätze der Psychotherapie proklamieren unter Berufung auf Milton Erickson, dass ihre Arbeit lösungs-, ressourcen- und zielorientiert sei. Die Zukunft stehe im Vordergrund und nicht Ursachen und Vergangenheit.[88]

Manchmal vollziehen Patienten diese positive Ressourcenorientierung auch vor den behandelnden Psychotherapeuten, wie folgende Geschichte zeigt.

☞ Eine Amerikanerin, die bereits 743 Analysestunden absolviert hat, entschließt sich trotz einer abratenden Deutung ihres Analytikers zu einer Europareise. Sie bleibt jedoch über Fax in ständigem Kontakt mit ihm. Aus Paris schickt sie eine kurze Nachricht: „Ich amüsiere mich prächtig. Bitte faxen sie umgehend: ‚Warum?'."

Auf ihrem Deutschlandbesuch kommt sie auch nach Heidelberg und ersteht in einem Antiquariat ein Buch von Steve de Shazer. In der ersten Analysestunde zu Hause greift der Therapeut den Faden der Behandlung wieder auf: „Sie leiden also unter ihren sexuellen Fantasien?" Sie antwortet: „Im Gegenteil, ich habe sehr viel Spaß daran."

Ein leuchtendes Beispiel für diese Ressourcenorientierung ist der Chef in folgender Geschichte.

☞ Ein Bewerber für einen Arbeitsplatz stellt sich vor. „Haben Sie etwas gelernt?", fragt der Chef. „Nein", antwortet schlicht der Bewerber. Der Chef: „Gott sei Dank! Da müssen wir Sie schon nicht umschulen."

Zukunftsorientierung demonstriert im Folgenden auch auf vorbildliche Weise die Frau.

☞ Ein erfolgreicher Geschäftsmann findet nach langen Jahren – zwar spät am Abend, doch immerhin – endlich einmal die Zeit, zum Arzt zu gehen. Es hat in der letzten Zeit zunehmend gezwickt, und die Beschwerden häuften sich. Aber gemäß seinem Motto „Mit einem Messer im Rücken geht unsereiner noch lange nicht nach Hause“ hat er einfach so weitergemacht.

Nun, der Arzt untersucht ihn und wird blasser und blasser. Schließlich eröffnet er ihm, dass nach medizinischem Ermessen er noch maximal zwölf Stunden zu leben hat. Der Mann geht erschüttert nach Hause und überbringt seiner Frau die schreckliche Nachricht. Nach einigen Tränen wird beschlossen, dass die Frau noch einmal das Lieblingsessen des Mannes kocht. Danach gehen die beiden ins Bett und schlafen zweimal miteinander. Die Frau schläft schließlich spät in der Nacht erschöpft ein. Er kann nicht schlafen. Schließlich weckt er seine Frau und bittet, noch einmal mit ihr schlafen zu dürfen, und sie schlafen noch einmal miteinander. Eine Stunde später wiederholt sich dasselbe, und kurz vor der Morgendämmerung weckt er sie wieder und meint: „Könnten wir nicht noch einmal?“ Seine Frau reagiert etwas gereizt und sagt: „Du hast gut reden, du musst morgen früh nicht raus.“

Anmerkungen

1
Diesen Witz nehme ich auf besonderen Wunsch meiner Kinder in das Buch auf. Als sie klein waren, musste ich ihn sehr oft erzählen.
2
Das war der erste Witz, der in einem *M.E.G.a.Phon* abgedruckt wurde. Nämlich in Nr. 2, Oktober 1985. Erzählt wurde er mir vom Heidelberger Professor für sonderpädagogische Psychologie Karl Ludwig Holtz.
3
Die Bücher des Anthropologen Edward T. Hall sind bezüglich des transkulturellen Themas besonders interessant.
4
Es gibt eine andere Variante dieses Witzes: Die Frau liegt in schwarzer Reizwäsche auf dem Bett. Der Mann sieht sie und sagt erschrocken: „Um Gottes willen, Liebling! Ist was mit deiner Mutter?“
5
Die *Milton-Erickson-Gesellschaft für Klinische Hypnose (M.E.G.)* hat seit vielen Jahren einen Fortbildungsgang GFE (Gesprächsführung nach Erickson). GFE 7 ist eine Anspielung darauf. Diesen Witz habe ich von meinem Neffen Philip Trenkle.
6
Diesen Witz habe ich aus dem Buch von Harald Mosak (1987): Haha and Aha. The Use of Humor in Psychotherapy. Muncie (Accelerated Development Inc.).
7
Diesen zweiten Witz fügte Karl Ludwig Holtz beim Korrekturlesen ein.
8
Ein deutlich seriöseres Fallbeispiel zu der Technik *collapsing anchors* finden Sie in: Bernhard Trenkle (1990): Die deutsche Nationalhymne und andere Symbolisierungen. *Hypnose und Kognition* 7 (2): 16–25.
9
Eine etwas anrüchige Illustration für diese Technik: Der Besuch naht. Unten hört man schon das Auto vorfahren. Die Gastgeberin ist sehr aufgeregt. Die Aufregung verursacht einen unkontrollierten Furz.

Die Gastgeberin greift zum Tannenluftspray, um das Malheur zu überlagern. Ihre beste Freundin kommt als Vorhut wenige Sekunden vor den anderen und schnuppert: „Wie riecht es denn bei dir? Als ob jemand im Wald geschissen hätte."

10

Helm Stierlin (1978): Delegation und Familie. Frankfurt a. M. (Suhrkamp).

11

Eine Variante dieses Witzes hat folgende Pointe: „Hey, Karle! Alles o. k.?"

12

Arnold Retzer (Hrsg.) (1991): Die Behandlung psychotischen Verhaltens. Psychoedukative Ansätze versus systemische Ansätze. Heidelberg (Carl-Auer), 2. Aufl. 1996.

13

Aus Isaac Asimov: Treasury of Humor. (Vgl. Vorwort.)

14

Es gibt noch eine Variante dieses Witzes, in der ein Mann im Hyde Park Liegestütze macht und ein älterer Herr ihn väterlich anspricht: „Bemühen Sie sich nicht mehr, die junge Dame ist doch schon gegangen."

15

Diese beiden Witze erschienen zum zehnjährigen Jubiläum der Milton-Erickson-Gesellschaft im *M.E.G.a.Phon* Nr. 8, Oktober 1988. Wegen dieser beiden Witze startete ich die Rubrik *Witze* im *M.E.G.a.Phon.* Aber ich befürchtete Ärger, wenn ich gleich mit diesen Witzen beginnen würde. Deswegen gewöhnte ich die Leserschaft über drei Jahre zuerst an das Thema Witze, bevor ich mich getrauen konnte, diese beiden zu bringen. Böswillige Zungen sagen, ich hätte drei Jahre lang systematisch das Niveau abgesenkt.

Noch eine Anmerkung zum Thema Mann/Frau: Ich habe erst zwei Frauen getroffen, die die Pointe „Ich streich mir mit meiner Zunge die Augenbrauen glatt und sage: Gehn wir?" nicht verstanden haben. Ich habe allerdings schon Dutzende von Männern getroffen, die mit völligem Unverständnis und blockierten Suchprozessen nach der Pointe suchten.

16
Zu Kategorien indirekter Suggestionen siehe: M. Erickson u. E. Rossi (1989): Hypnotherapie. München (Pfeiffer).
17
H. Stierlin, I. Rücker-Embden-Jonasch et al. (1977): Das erste Familiengespräch. Theorie – Praxis – Beispiele. Stuttgart (Klett-Cotta).
18
Apropos bezogene Individuation: „Was ist der Unterschied zwischen Onanieren und Beischlaf? – Beim Beischlaf lernt man mehr Leute kennen." Das eng mit dem Thema Individuation zusammenhängende Nähe-Distanz-Problem ist in gewisser Hinsicht bei folgender Wandaufschrift im Pissoir beleuchtet: „Tritt näher! Er ist kürzer, als du denkst."
19
Dieses Wortspiel mit dem Vater probieren zu wollen macht die Lage auch nicht gerade besser.
20
Aus Isaac Asimov: Treasury of Humor. (Vgl. Vorwort.)
21
S. Rosen (1990): Lehrgeschichten von Milton Erickson. Hamburg (iskopress).
22
Aus Isaac Asimov: Treasury of Humor. (Vgl. Vorwort.)
23
J. Willi (1975): Die Zweierbeziehung. Reinbek (Rowohlt).
24
Aus *M.E.G.a.Phon*, Nr. 15. Dieser Witz stammt von Peter-W. Gester, der mich dankenswerterweise immer wieder über neue Witze informiert.
25
Eine Typologie und Beispiele verschiedener indirekter Suggestionen findet sich in M. H. Erickson u. E. Rossi (1989): Hypnotherapie. München (Pfeiffer).
26
Ganz im Ernst: Indirekt suggestive Elemente in der eigenen Sprache zu kennen, ungewollte Suggestionen zu vermeiden und suggestive Elemente behandlungsunterstützend einsetzen zu können ist für

alle sozialen Berufe relevant. Manfred Prior (www.meg-frankfurt.de) hat sich in seinen beiden Bestsellern *MiniMax-Interventionen* und *Therapie und Beratung optimal vorbereiten* kreativ diesen Themen gewidmet.

27

Über Ostern 1994 war ich mit Familie in Südfrankreich: Urlaub und Witzbuch fertig stellen. Mein Heidelberger Freund und Professor für sonderpädagogische Psychologie, Karl-Ludwig Holtz, weilte ebenfalls in dieser Region. Er korrigierte mir die Kapitel des Ha-Handbuchs. Das Kapitel über Konditionierung fügte er dann schließlich hinzu.

Zum Thema Konditionierung fällt mir auch noch ein Witz ein: „Ich wollte meinem Hund beibringen, dass er bellt, wenn er Hunger hat. Mindestens 200-mal habe ich es ihm vorgeführt." – „Und? Bellt er jetzt?" – „Er frisst nicht, wenn ich nicht belle."

28

Aus *M.E.G.a.Phon,* Nr. 14., Okt. 1991.

29

Vgl. hierzu E. Rossi (Hrsg) (1995): Gesammelte Schriften von Milton H. Erickson, Bd. 1, S. 359–406. Die wichtigste Fortentwicklung der ericksonschen Konfusionstechniken finden Sie in S. Gilligan (1991): Therapeutische Trance. Das Prinzip Kooperation in der Ericksonschen Hypnotherapie. Heidelberg (Carl-Auer), 4. Aufl. 2005.

30

In J. Haley (1996): Typisch Erickson. Paderborn (Junfermann).

31

Kleiner Exkurs: Das wäre auch eine schöne Geschichte für die Klienten, die einmal „wirklich" hypnotisiert werden wollen – aber welche hypnotherapeutischen Techniken über die Konfusion hinaus der Maler und der Kunde noch benutzten, erfahren Sie jederzeit in unseren Fortbildungsseminaren. Programm: Milton-Erickson-Institut Rottweil, Bahnhofstr. 4, 78628 Rottweil, www.meg-rottweil.de – das war ein Werbeeinschub.

32

Aus H. H. Mosak: Haha and Aha. (Vgl. Vorwort.)

33
G. Schmidt (2004): Vom so genannten Rückfall zur Nutzung von „Ehrenrunden“ als wertvolle Informationsquelle. In: Liebesaffären zwischen Problem und Lösung. Heidelberg (Carl-Auer), S. 361–386.
34
Diesen Witz hat mir mein Sohn Andeas aus der Schule mitgebracht, und er besteht zu Recht darauf, zitiert zu werden.
35
Dieser Witz stammt aus: H. H. Mosak: Haha and Aha. Mosak verdanke ich auch den Tip bezüglich des Buches von Isaac Asimov: A Treasury of Humor. (Zu beiden vgl. Vorwort.)
36
I. Boszormenyi-Nagy u. G. Spark (1973): Unsichtbare Bindungen. Dynamik familiärer Systeme. Stuttgart (Klett-Cotta).
37
Aus *M.E.G.a.Phon,* Nr. 18, Okt. 1993.
38
Eine schöne Variante: Kleinanzeige: Gehen Sie in den Schützenverein. Dort treffen Sie nette Leute.
39
S. Lankton u. C. Lankton (1994): Geschichten mit Zauberkraft. München (Pfeiffer). N. Peseschkian (1987): Der Kaufmann und der Papagei. Frankfurt a. M. (Fischer).
40
Der Hypnotherapeut beachte das formvollendete Pacing von Fernfahrer Krause in seinem Aufgreifen der Metapher vom Kollegen Müller.
41
Aus *M.E.G.a.Phon,* Nr. 5, April 1985. Diesen Witz habe ich früher manchmal in Workshops erzählt. Aber wenn ich dann an der Stelle „Du sollst nicht ehebrechen!“ besagte Pause machte und bedeutungsvoll in die Runde schaute, war die überraschende Pointe oft für viele eine zu intensive Demonstration des Verfahrens „Diagnostizieren über minimale nonverbale Hinweise“.
42
Über den lösungsorientierten Ansatz von de Shazer können Sie nachlesen in: S. de Shazer, (1993): Der Dreh. Überraschende

Wendungen und Lösungen in der Kurzzeittherapie. Heidelberg (Carl-Auer), 9. Aufl. 2006. Und in: S. de Shazer (1989): Wege der erfolgreichen Kurztherapie. Stuttgart (Klett-Cotta).

43

Diese Aufgabe findet sich in C. Van Riper(1984): Speech Corrections. Englewood Cliffs, NJ (Prentice-Hall). Wer sich über geniale verhaltenstherapeutisch orientierte Stottertherapie informieren möchte, lese C. Van Riper, (1986): Therapie des Stotterns. Solingen (Verlag der Stotterselbsthilfe).

44

Anmerkung: Der ericksonsche Therapeut individualisiert die Behandlung (siehe auch das Kapitel *Maßschneidern*) und variiert zwischen Schach, Halma, Mensch ärgere dich nicht …

45

Aus *M.E.G.a.Phon,* Nr. 13, 1991.

46

Die beiden Witze dieses Kapitels stammen aus dem *New York Cab Driver's Joke Book* (Warner Books), einem der besten Witzbücher, die ich in den letzten Jahren gefunden habe.

47

Diese Technik wurde vor allem von J. Haley beschrieben (1989): Ordeal Therapie. Hamburg (Isko-Press) – und ausgebaut. Auch Cloe Madanes hat diese Methode sehr kreativ weiterentwickelt (1989): Hinter dem Einwegspiegel. Hamburg (Isko-Press) bzw. (1997): Sex, Liebe und Gewalt. Heidelberg (Carl-Auer).

48

Aus H. H. Mosak: Haha and Aha. (Vg. Vorwort.)

49

L. de Mausse (Hrsg.) (1977): Hört ihr die Kinder weinen? Frankfurt a. M. (Suhrkamp).

50

Mir wurde berichtet, dass dieser Witz von Virginia Satir in einem Workshop erzählt wurde.

51

Aus *M.E.G.a.Phon,* Nr. 12, Okt. 1990.

52
Peseschkian, vgl. Anmerkung 39.
53
Aus *M.E.G.a.Phon,* Nr. 16, Okt. 1992.
54
Was mich immer wieder erstaunt: Bis jetzt hat niemand die Pointe im voraus erahnt. Obwohl sie doch eigentlich nahe liegend ist. Vielleicht bindet die Kastrationsangst hier die Aufmerksamkeit mehr als geahnt …?
55
Das war Beckers Antwort auf meinen Witz: „Was ist der Unterschied zwischen einem Türken und einem Sachsen?" – „Der Türke hat Arbeit, und der Türke spricht Deutsch." Im Übrigen war das einer der letzten Ossi-Wessi-Witze, die entstanden. Seit Anfang 1993 gibt es kaum noch neue Witze zum deutsch-deutschen Thema. Und das ist nicht zum Lachen! (Geschrieben März 1994.)
56
Eine kurze Zusammenfassung zu diesem Thema gibt es in: F. B. Simon u. H. Stierlin (1984): Die Sprache der Familientherapie. Ein Vokabular. Stuttgart (Klett-Cotta).
57
Aus Asimov (vgl. Vorwort). Karl-Ludwig Holtz erzählte mir diese Variante: Maria dreht sich um und sagt: „Ist das nicht ein besserer Name als Wilfried?"
58
C. Van Riper, C. (1982): Sprechstunde in der Praxis eines Sprachtherapeuten. München (Reinhardt).
59
Zeitschrift *Hypnose und Kognition*: Schmerzkontrolle. Band 3, Heft 1, April 1986; diese Zeitschrift können Sie beziehen über M.E.G., Konradstr. 16, 80801 München bzw. www.meg-stiftung.de.
60
Aus Asimov (vgl. Vorwort).
61
J. K. Zeig (1988): Therapeutische Muster der Ericksonschen Kommunikation der Beeinflussung. In: *Hypnose und Kognition* 5 (2).

62

Das beste Buch zum Thema Selbsthypnose ist aus meiner Sicht von B. A. Alman u. P. T. Lambrou (2003): Selbsthypnose. Heidelberg (Carl-Auer), 7. Aufl. 2007.

63

A. Schmidt (1963): Sitara und der Weg dorthin. Eine Studie über Wesen, Werk und Wirkung Karl Mays. Karlsruhe (Stahlberg). Diesbezüglich interessant auch die Ausführungen von Dieter H. Stündel hinsichtlich Arno Schmidts Etymtheorie, D. H. Stündel (1984): Arno Schmidts „Zettels Traum". Frankfurt a. M. (Bangert & Metzler). Hinsichtlich Erickson und seiner Sicht des Unbewussten: Hypnose und das Unbewußte. In: *Hypnose und Kognition* 6 (1), April 1989. Sowie im Original in E. Rossi (Hrsg.): Gesammelte Schriften von Milton Erickson. Heidelberg (Carl-Auer).

64

Aus *M.E.G.a.Phon*, Nr. 11, April 1990.

65

Zur strategischen Therapie lese man/frau die Fallbeispiele in J. Haley (1991): Die Psychotherapie Milton H. Ericksons. München (Pfeiffer). Das ist das Buch, mit dem das weitreichende Interesse an Ericksons Arbeit begann. Die vielen Fallbeispiele lassen erkennen, warum Haley in der Nachfolge von Erickson die strategische Therapie entwickelte.

66

Die Fehlleistung „Trauring, aber wahr" ist von Freud ausführlich analysiert worden.

67

Dieses interessante Konzept habe ich in meinem Artikel *Ericksonsche Hypno- und Psychotherapie bei Bettnässen* näher erläutert. Der Artikel ist erschienen in S. Mrochen, K. L. Holtz u. B. Trenkle (Hrsg.) (1993): Die Pupille des Bettnässers. Hypnotherapeutische Arbeit mit Kindern und Jugendlichen. Heidelberg (Carl-Auer), 6. Aufl. 2007.

Irgendwo habe ich einmal eine „systemische Erweiterung" dieses Konzeptes von Wygotski gelesen: „Der Vater schlägt die Mutter, die Mutter schlägt das Kind. Jetzt dürfte sich die Frage aufwerfen: Wem schlägt das Kind nach?"

68
Aus *M.E.G.a.Phon,* Nr. 19, April 1994.
69
Dieser Witz stammt aus Asimov (vgl. Vorwort). Er weist darauf hin, dass die Pointe in jiddischer Sprache am besten ist und bei der Übersetzung verliert.
70
Das ist einer der vielen Witze, die mir Ortwin Meiss von der M.E.G.-Regionalstelle Hamburg meist Montag vormittags am Telefon mitteilte. Einige dieser Witze sind in dieses Buch eingegangen.
71
Zum Begriff „Symmetrie“ siehe F. B. Simon u. H. Stierlin (1984): Die Sprache der Familientherapie. Ein Vokabular. Stuttgart (Klett-Cotta).
72
Der Witz mit dem Hochzeitsfoto würde auch hervorragend in das Kapitel *Individuation, bezogene* passen.
73
Vielen Dank an Professor U. H. Peters, der mir ein Exemplar seines vergriffenes Buches *Irre und Psychiater* (1974) zur Verfügung stellte. Der Witz stammt aus diesem Buch.
74
Eine noch sinnigere Version lautet: „Beethoven war ein Leben lang so taub, dass er dachte, er sei Mahler.“
75
E. Rossi (Hrsg.) (1998): Gesammelte Schriften von Milton H. Erickson. Bd. 5 und 6. Heidelberg (Carl-Auer).
76
Dieses Kapitel stammt von Fritz B. Simon. Im Mai 1987 saßen wir am Rande der Familientherapiekonferenz in Prag im berühmten Schwarzbierlokal U Flecku und haben das bekannte Schwarzbier zu uns genommen. Dabei wurde der Humor ebenfalls schwärzer und schwärzer. Fritz erzählte an diesem Abend „Freuds Amseln“, und ich habe ihn spontan gebeten, dieses Kapitel fürs nächste *M.E.G.a.Phon* zu schreiben. Es erschien in Heft Nr. 6, Oktober 1987.
77
Vgl. Gruft u. Grof (1991): Indirekte Induktion von Hyperventilation und Asthma. Kalauer.

78
Diese Geschichte erzählte mir mein polnischer Freund und Kollege Kris Klajs am spätnachmitternächtlichen Lagerfeuer im Naturpark Wigry, nahe der weißrussischen Grenze, anlässlich unserer Kajaktour 1993.
79
Ich höre an dieser Stelle lieber damit auf, sonst sagen noch einige: „Wenn das so weitergeht, dann habe ich die Nase aber voll."
80
Diesen Witz habe ich von meinem Hausnachbarn in Rottweil, dem Zahnarzt Banholzer. Vermutlich sind noch mehr Witze in diesem Buch, die er mir über die Jahre erzählt hat.
81
Dieser Witz stammt aus dem amerikanischen Witzbuch *Jokes for Women Only*. Frauen, die humoristische Gefechtsfeldwaffen im Kampf der Geschlechter beziehungsweise ein Gegenarsenal bezüglich der vielen frauenfeindlichen Witze suchen, werden dort fündig.
82
Aus: M.E.G.a.Phon, Nr. 9 April 1989.
83
Im *M.E.G.a.Phon* steht tatsächlich: „Weder Kosten noch Müde gescheut". Vielleicht war es eine Anspielung meines Unbewussten auf die vielen nächtlichen Arbeitsstunden, die bei der Erstellung dieser Texte aufgewendet wurden. In den 1980er-Jahren hatte ich jedoch oft bewusst solche Wortspiele eingefügt wie: „Jahrestagung der M.E.G., 10 Jahre Jubiljähum. Deshalb rechtzeitig anmelden". Einige Leser waren immer ganz gespannt, welche Wortschöpfungen à la James Joyce oder Arno Schmidt jedes Mal im Heft waren. Einmal bekam ich einen Brief: „Dieses und jenes Wortspiel fand ich sehr lustig. Nur diese eine Anspielung habe ich trotz allen Kopfzerbrechens noch nicht verstanden." Jenes Wortspiel, das der Briefschreiber meinte, war ganz einfach ein unbeabsichtigter Druckfehler.
84
Auf dem Begleitvideo zu Albrecht Schmierers *Einführung in die zahnärztliche Hynose* (Berlin, Quintessenz-Verlag, 1993) kann man einen Teil jener Aktion sehen, bei der Albrecht Schmierer ohne herkömmliche Anästhäsie und nur mit Hypnose mir drei Weisheits-

zähne zog. Das war vormittags. Am Nachmittag hatte ich wieder Therapiesitzungen, und am Abend ging ich zur Feier des Tages mit meiner Frau gut essen. Ich hatte keine Schwellungen und praktisch keinerlei Nachbeschwerden an den Folgetagen.

85

Das mit der Sigmund-Freud-Uhr ist kein Scherz: Ich habe mir in den USA ein Exemplar dieser Uhr für den Psychotherapeuten gekauft. Die Uhr hat ein 50-Minuten-Zifferblatt.

86

M. Selvini (Hrsg.) (1992): Mara Selvinis Revolutionen. Die Entstehung des Mailänder Modells. Heidelberg (Carl-Auer).

Zum erwähnten Thema „Zirkuäres Fragen" empfiehlt sich auch das Buch: F. B. Simon u. C. Rech-Simon (2004): Zirkuläres Fragen. Systemische Therapie in Fallbeispielen: Ein Lernbuch. Heidelberg (Carl-Auer), 7. Aufl. 2007.

87

Siehe hierzu R. Dilts, R. Bandler, J. Grinder u. a. (1989): Strukturen subjektiver Erfahrung. Paderborn (Junfermann).

88

S. de Shazer (1993): Der Dreh. Überraschende Wendungen und Lösungen in der Kurzzeittherapie. Heidelberg (Carl-Auer). Und de Shazer (1989): Wege der erfolgreichen Kurztherapie. Stuttgart (Klett-Cotta).

Für Zusendungen von Witzen bin ich jederzeit dankbar. Wer die Fortsetzungskapitel lesen möchte und/oder sich für unsere Fortbildung interessiert, der/die kann die Zeitschrift *M.E.G.a.Phon* und unser Institutsprogramm anfordern:

Milton-Erickson-Institut
Bernhard Trenkle
Bahnhofstr. 4
78628 Rottweil
Fax: 0741-41773
kontakt@meg-rottweil.de
www.meg-rottweil.de